JOHN SAUTER

GEISTER

JOHN SAUTER

GEISTER

Gedichte

TERRIBLE SMILE
NICHTS IS

TREIBHOLZ

Übers **enge** Land
Geht die Fahrt
Schmale Straßen
An den Tankstelln
Geisteraugen
In Gesichtern
Kristall gewordene Geschichte
Ist das kein Ort? Ist das kein Platz?
Rüttelfahrt, Staub, Dunst
Knarren der Achsen
Dein Unterarm presst sich an meinen
In der Kurve
Hinauf, Haar um Haar
Sonst weiß ich nichts
Sag kein Wort, sag lieber Geistersprüche
Die uns schützen
Wo der Kiesel im Beton
Und die Leuchten so orange
Stehn Häuser hoch im Staub
Verputzt da aus dem Werktorschutt der Gegend
Stromabnehmer nah am Block
Ich möcht dich schmecken
Nichts was sonst
Im engen Land
Mich frei sein lässt

Setzlinge stellen
Wir an jedem neuen Ort
In Joghurtbechern
Auf Fensterbretter
Drunter die Matratze
Knarrt auf **Treibholz**, kratzige Wand, Regale schief

Am Bordstein finden
Wir die Bücher
Für eine Zeit
Gehst du mit mir
Auf stillen Straßen
Weich und nah
Der Satellitenhäuser
Entzünden sich
Am Berg die Lichter
Kirche mit Kuppel
Golden glimmt
Finsternis, Dunst
Gestrüppverschläge unsichtbar
Da flüstert was, legt sich auf Lauer
Gehn wir hinauf zwischen Bäumen
Schaun hinab
Erkennst du wie
Sich unsre Scholle
Schon löst im Talmeer
Steigen rasch
Zurück und klauben
Zusamm, was in die Taschen passt
Wir leisten keinen Widerstand

Seit Tagen zelten zwischen Wohnmobilen
Dein **Slip** auf der Wäscheleine
Trocknet, Knistern, Chipstüte glänzt in der Sonne
Weg zum Strand, ein Liegestuhl steht schräg überm Pfad
Drauf der Wächter, wir dürfen passiern
Ich will in dich
Seit einem halben Tag
Räkelst du dich, übst Wegschieben

Überspülst den nackten Körper mit Sonnenmilch
Zeigst Muskeln beim Rausschwimmen
Auf zur Boje
Rufst du, mir rutscht das Herz
Bis endlich wieder dein Gesicht auftaucht
Als ich es seh, weiß ich, du kommst
Zurück zu mir

Pech und Wolkenschauer liefen außen am Zeltstoff entlang
Schwerelos, richtungsfrei, wurden wir **umkreist**?
Dein Geschmack nach warmer Erde
Vulkanasche vermischt mit Zucker
Zimt

Neben dem **Bach** im Regen
Laufen Kinder aufs Gras
Beginnen ein Spiel
Sind sie fertig
Trau ich mich, frag sie
Gibt es diesen Sportplatz
Hier wirklich noch?
Ich blinzle
Die Kinder verschwunden
Ohne Antwort

Unterdorf
Oberdorf
Dazwischen ein Wald
Schießstand leer

Kartenrisse bewandern
Strom essen
Störsender installieren

Rechts und links schlammiges Land / Feldweg tief / wellt sich in Schlägen mir **entgegen** / wer ist das, taucht auf, taucht ab / ein Stock zerknackt / Gestalt kommt nah, Blick zitternd / Augen rostige Sterne in diesiger Luft / mein Schritt muss schneller, weg von ihm / nicht umdrehn bloß, den Blick nach vorn, der wittert sonst / klebt Augen hart am Rücken fest, Armlängen entfernt / denkt er, mit dir wirds leicht / stämmige Beine mit rosa Rinde / die narbig hoch aus Socken quelln / der Wald geöffnet / komm vom Feldweg / nichts wie rein / bloß weg von dem / doch lauert drin ein zweiter / bin an ihm vorbei / die kreisen mich ein / Tretlager knirscht / Laub rauscht / ich müsste schneller / sie treiben mich / gegen zwei komm ich nicht an / wer weiß, was die in Taschen haben / Jacken knistern / fester Stoff / wie geht es dir, fragt SingSang klar / steigt ab vom Fahrrad / viel zu nah / wie geht es dir / nochmal sehr dringlich / glänzen Zähne feucht von Gift / und der andere? / der zweite? / greift rhythmisch sich zwischen Beine / ist Voyeur / Blätterdach schwarz / kein Laut geht mehr

Brombeerhecken, Fachwerk, Spitzdach
Plastikfensterrahmenheimat
Hinterm Bäcker, Automat geknackt
Rausch auf Autositzen, halt drauf einfach
Ortsnamen silbenweise Bruchgeschichten
Kommst mir entgegen, wirfst Kippe zur Seite
Winkst mir, lässt auch die Tasche falln
Drückst mich, dein Rücken spannt wie in den Tagen, als wir dachten
Zwei Spritfüllungen rein, entkommen, sie sagen
Die Hügel hier zerrn Blitze herunter, weil Eisen- und andre Erzadern verklumpen
Die Gegend scheint in dir zu sein, kommst nicht raus, Magnet, erzählst
Dass mitten auf dem Weg nach Schicht, Arbeit, Kantinenessen
Du ranfährst, stehnbleibst, ne Stunde fast, die bessre Hälfte denkt
Du gehst fremd, aber willst nur, Minuten für dich allein, denn
Zu Haus sind alle Zimmer offen, für Kind, Kegel, Schwiegerblick
Durchs Wintergartenfenster, du träumst in der Bushaltestelle
Von früher, eben diese Minuten, ja, verdammt, fast ne Stunde
Als wärst du nicht für immer hier geblieben
Als hättest du's irgendwann mal
Etwas mehr versucht

Die **Seifenblase**
Kann selbst bei Regen
Sehr weit in den Wind sich legen
Sie ist eine Seifenblase
Und weiß nicht
Dass sie eigentlich
Zerplatzen müsste

Maschinen, **Apparate**
Geschwätz in lauten Dialekten, Sprachen
Draußen gekippte Kabelrolle
Dient als Tisch hinter Hallentoren
Setz mich zum Kollegen, der erzählt Geschichten
Von Schüssen nah der Grenze, Panzer im Schlamm
Dann wieder Lachen, Kippe gedreht, Schnaps aus Flachmann
Rückwärtig rauscht die Fabrik
Er drückt meine Hand, einfach so
Muss ich mitrauchen, obwohl aufgehört, folg ich
Damit er weiterlacht, weitererzählt, schon wieder ernster
Nach den Schichten bin ich so müde
Vom Zuhörn, dem Krach, alles spricht
Ich schreibe bis in schmierigen Schlaf
Im Schachtzimmer, Erdgeschoss, das Licht der Laterne
Zieht über Schultern, Silben nehmen
Fahrt auf im Traum, ducken sich
Hinein in die Nacht
Raser im Gegenwind der Schatten

Die **Decke**, die zweite
Schiebe ich so neben mir zusammen im Bett
Dass ich ein Bein darunterstecken kann
Und manchmal denke ich
Der Körper
Der so neben mir liegt
Wär deiner

Autobahn
Überspannt von Brücke
Mit schmalen Kieselaugen im Beton
Lagen wir dort?
Du meintest zu meiner Sommerhose
Steht dir gut
Ich blieb **vorsichtig**
Denn das Lächeln, deines, konnte
Zum Lachen werden oder eben zum Schrei
Sprungfedergleich
Drücken, quetschen, wenn wir träumten
Strich deine Hand mir deutlich spürbar
Von Schulterblättern
Bis zum Knie
Auf dem stummen Kontinent
Zogen die Wolken heim
Rauschen des Verkehrs
Pausentaste
Bis das Standbild ausfranst
Wir nicht mehr weiterkönnen
Nicht mehr
Weitermüssen
Warum konnte ich diese Taste
In diesem Augenblick
Nicht einfach drücken?

Am **Berg**
Liegen die Eigenheime
Unterm Walmdach
Laufen die Sender
Der Alte wohnt
Weiter oben im Gestein

Abends drückt er
Sich zwischen Bäumen durch
Schaut in die Fenster
Schaut in die Leben
Drin warme Lichter
Inzwischen
Hat die dunkle
Luft am Hang
Über die Sonne sich geschoben
Die Boote unten tröpfeln an Land
Gekippte Fenster, Fliegengitter
Wie lang wir bleiben?
Bis ich nichts mehr
Erkennen kann
Worin der Alte geistergleich
So viel mehr sieht
Als ich
Bruststein mein
Der anders als seiner
Noch lange, lange
Unruhig klopft, da, linke Seite

Auf dem Wasser
Klammert sich
Das Kind
Am Rücken fest
Mit zitternden Zähnen
Lacht es ins Licht
Sagt, ich
Möchte nie wieder
Hier weg

Gegen null Uhr ist der Himmel
So **klar**, nah der Hütte am See
Sehen die Sterne so echt aus
Dass ich kurz daran
Glauben könnte

Wir begegnen der alten Frau
Am **Zaun** hält sie sich gegen
Veränderungen fest
Dass Siedlungen jetzt
In den Wald hineinwachsen
Immer weiter ins Dunkle tasten
Bauscheinwerfer, Rüttelplatte
Presslufthammer, Plastikplane
Sie schaut nach unsrer Fracht
Befingert die Fundstücke
Kann man essen, müsst ihr aber gut braten
Ob wir mehr Geschichten hören wollen?
Les ich in ihren wachen Augen
Nichts mehr wie früher
Dieser und jener Nachbar verscherbelt
Sein Grundstück für strahlende Eigenheime
Doch sie will bleiben, in der Datscha, wo noch Dickicht ist
Den lila Pilz, sagt sie, den haben wir immer gegessen
Nie was passiert, so war das gestern

Warme Waldzungen
Felder geschnitten
Windräder, Landstraße
Giebel, Fachwerk
Hunde humpeln heran
Hinter Zäunen Kofferradios
Kirschen, Äpfel, Birnenwildbaum
Jenseits des Leitplankenglänzens
Nehmen wir Geschwindigkeit auf
Am **Zubringer**

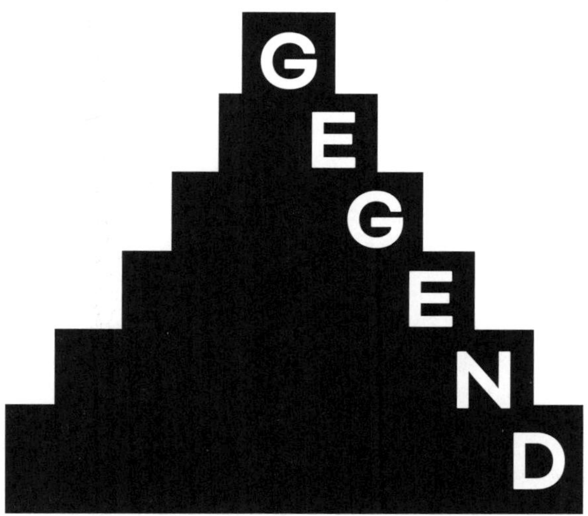
GEGEND

Die Staubdünen waren ein Merkmal der Gegend / am Busfenster zogen sie vorbei, gewannen an **Höhe** / nun wusste ich, dass wir uns der alten Stadt näherten / kein Wachtraum, ich drehte die Musik runter / neben mir der Schlafende, rauschendes Atmen / von außen drangen mehr und mehr Details durch / das Summen der Turbinen, das Knistern der Stromschlote / sie standen irgendwo im Dunst, hinter dem Aufstieben der Straße / dort gab es vielleicht auch Anzeichen von dir / hinter dem Staub, dem Material / das unter der Oberfläche hätte bleiben sollen / an den Abraumhalden sammelte sich nur noch mehr davon an / die Dünen wuchsen um ihrer selbst willen / andere Stäube aus entfernteren Gebieten kamen hinzu / je weiter man hineinfuhr in die Gegend / Berge aus schwebendem Schutt / und unter diesem Dunst das seit Zeiten verhärtete Material / das ganze Gebirge war durch Grabungen entstanden / bald legten sich die Straßen und Schienenstränge auf die Kämme der Anhöhen / Ausfallwege trieben hinab in die Täler / hinab in die alte Stadt / zu alten Geistern / da drin in meinem Bergwerk / denn wenn die Grubenschaufeln, Gedanken, die man nicht hätte wagen solln / die Gräber streiften / blitzten bald Blicke auf / nah jeder abrutschenden Straßenkreuzung / nah jeder Tanke, nah jeder Trinkecke / tief in jeder Gasse, tief im Viertel / all diese Klingelschilder, deren Namen mir so gefällig in den Mund wollen / ich drehe den Schlüssel / er passt noch immer / gehe hinein in die Wohnung

Das Essen vom **Flughafen**
Als ich auf dich gewartet hab
Ich habe den Rest weggeworfen
Die Wohnung ist leer

Das klatschende **Trappeln**
Von Kinderfüßen
Übern regennassen Asphalt
Gestern beim Café am Parkplatz
Vermischt mit dem Lachen, Geklimper, den Stimmen
An den Tischen Musik, die Freundin der Freunde sang ein Lied
Wie man weitermachen muss im schiefen Leben
Manchmal ist alles okay
Weißt du
Ohne dich

Freiwillige Feuerwehr, in der **Garage** nur ein Wagen
Ponys grasen hinterm Zaun aus Draht
Am Marktplatz ein Hinweis, Impfen macht krank
Bienen schwirren hinterm Bolzplatz
Kutschier durch diese Pampa eine Band
Die mit den Eingebornen nicht zu reden weiß
Nach dem Gesang
Sind wir zu nah an der verdammten Stadt?
Nur eine Stunde, und die Leute, die ich fahre
Zieht es zurück ins behagliche Viertel
Folg den Befehlen nach dem Gig
Vorbei an Thermojacken, Thermowesten, Thermomänteln,
Thermohosen
Obwohl die Versorgung mit Schnäpsen Form annimmt
Bleiben wir nicht am Gutshof-Tresen, sondern fädeln
Uns zurück in den Strom

Vom Bahndamm sah ich
Ein **großes Tier**
Es brachte die Herde heim
Ohne Trillerpfeife
Ohne Tritt
Ohne Schlag
Ohne Schrei

Nach dem Regen
Saßen die Mädchen
Mit bronzenen Beinen
In den Hauseingängen
Nahe der Kioske
Fuhr die Tram
Um eine Kurve
Und die Halteschlaufen
Legten sich in
Dieselbe Richtung schräg
Als ob es nur diese eine gäb

Es war nicht unser **Plan**, eine Spur zu hinterlassen
Doch die Hinweise auf zurückliegende Leben
Sie fielen aus dem Futter unserer Jacken
Eine Münze, geknickte Kippen, drei Kastanien
Ich zupfte an Nähten der Innentaschen, die Jacke wurde immer dünner
Wie lang gingen wir schon so gegen die Stille?
Einige Trotzgläubige, Unbelehrbare
Würden bald Fährte aufnehmen, uns folgen
Doch irgendwo enden unsere Spuren

Die Lichtschuppen der Jackenfutter
Aufgebraucht
Ist dir kalt?
Warum gehn wir Hand an Hand
Immer weiter in die Schatten
Uns hätte schon längst klar sein können
Dass auch wir
Einer einst leuchtenden Spur folgen
Von welchen, die es lange nicht mehr gibt
Da gehen Blinde
In die nachtschwarze Welt

Du sagtest, überall stünde etwas geschrieben, fast gebrüllt
An den Wänden, den Bahnen, den Fenstern
Wir müssten **durchlässig** werden
Gegen diesen Krach
Du zeigtest mir ein Blatt
Dass du vor fünf Tagen
Gefunden hattest
Drauf sah ich nichts, nein falsch, drauf sah ich dich
Sekunden bevor wir lange schwiegen, keine Worte mehr
brauchten
Lass ihn durch, den Bli...

Ich saß mit dir auf der **Bordsteinkante**
Eines zerfallenen Tages
Der Druck von oben
Er lag mir auf der Stirn
Trotzdem schaute ich dich an
Wie du nach vorn blicktest
Dein kühles Knie berührte mich
Du nahmst meine Hand in deine
Die einzige Wärme
Wirklich nur deine Hand
Die dich verriet
In den vielen Nächten
In denen ich nicht wusste, wohin ich gehöre
Dachte ich, es ist wirklich nur deine Hand
Und sonst
Nichts

Manchmal wollte ich
An den Tagen mit dir
Die gut gelaufen waren
Und sonnig
Ich wollte nichts lieber
Als einen frühen Abend
Und schnell schlafen
Neben dir
Damit nichts mehr
Diesen schönen Tag
Noch stören konnte
Doch meist
Blieben wir
Lange wach

In letzter Zeit habe ich viel **gewartet**
Regenschmiere, Neonlichtscheibe
Gäste, Bedienung an den Nebentischen
Wechselten sich ab
Ich blieb, schaute raus
Am Anfang hat es mich gestört
Und jetzt
Warte ich
Einfach nur noch

Einmal
Schauen wir die Wolken
Nur als Wolken an
Nicht als Tiere oder **Schlösser**

Rauputz schabt an Ellenbogen, Fenster, Wohngeschosse schwarz
Hier und dort ein Licht dazwischen, es verlischt
Komm ich nah, wachsen Ranken aus den Höfen
Fletschen hin zum Bürgersteig
Düstre Großmaultore
Erdgeschoss, Etage eins
Werdn Gardin' abgedichtet
Näher ich mich der Laterne
Aufkleber dort am Pfahl, das warst du vor Jahrn
Wetterfest, überstandn dich
Ums verlassne Zentrum kreisen
Fernbusse ein
Bereits geleert oder nie voll?
Es wird langsam Morgen
Die Fahrer führen
Selbstgespräche
Bloß nicht dösen
CB-Funk laut
Über Planken
Stülpt sich Wuchern
Kratzige Arme
Greifen struppig in die Strecke
Stumm, benommen
Schaltet die Ampel auf Grün

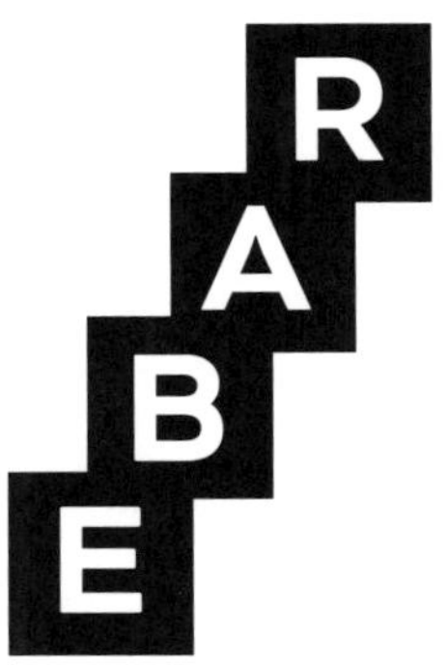
RABE

Perspektivschluckende Blöcke
Randgebiet, bald knarrt der Weg
Aufwärts um Kurven
Schlängelt der Bus
Dieselbrüllend
Beschleunigt Fahrer
Kurbelt’s Lenkrad, Kapitän
Zur Falte aus Fels, Kirche in Gold
Drunter die **Anstalt**
Dicht beieinander
Spricht man Gebete
In den Hang
Ausläufer splittern
Vom nah’n Friedhof
Kreuze hinter verwilderten Zäunen
Wohnen Geister, zuck ich zusamm
Vom Pfeifen des Zuges
Ein einzelnes Gleis
Geht in die Ferne
Rutscht mit dem Tunnel
Weiter ins Tief
Derweil die Fenster, Türen und Gänge
Benachbarter Anstalt offen gähnen
Ziehn mich an, der Weg vorbei
An Steinen, Gräbern
Sprechchöre kreisen
Aus der Kirche, aus der Anstalt

Hör beide nicht mehr
Lauf zur Waldzunge
Oberhalb liegt die
Wiese dahinter, Landefeld schräg
Der Abend kommt, bringt mich hin
Bringt mit sich
Funkfeuer kühl
Aus wortlosem All

Mitten im Wald liegen zwei Neubaublocks
Als Teil einer Flotte, die längst weitergezogen ist
Gestrandete Schiffe, angespült, umgekippt
Das Gestrüpp wölbt im Bogen
Abgearbeiteter Hände
Eine Lichtung um sie

Der **Rabe** ist größer als jede Krähe
Und lebt allein
Mit nassem Gefieder streift er durchs Meer
Salztränen überm Schnabel
Staunt einem Stamm auf der Reise hinterher
Auch er flüchtet
Die Gründe trägt er unter seinen Federn tätowiert
Wilde Botanik in seinem Kopf

Aufbruch

Wenn die Stadt fertig ist, wird kein Platz mehr für uns sein
Die Straßen fließen Honig, golden und weit
Eine Freundin schreibt Postkarten, wirft sie aus dem Fenster
Wird schon jemand finden, mindestens Gespenster
Wo warst du gestern, wir tanzten um den Vulkan
Wie um Tischtennisplatten im Rebellenlager
Eine wunderschöne Göttin schminkt sich eine Hassmaske
Aschfarbenes Haar, im Papier glimmt die Haschpaste
So färben wir uns die Schädel hell wie Flugzeuge an
Trommeln uns dahin, wo kein Jeep fährt und dann
Sind wir Urwald-Goten, wiederholn magische Formeln
Vor der Kammer, die zu öffnen wir Gebete murmeln
Im Takt mit dem Beat, flossen den Amazonas entlang
Wo Helden verbrannten in Helikoptern an Land
Bevor es dunkel wird, müssen wir die Lichtung erreichen
Verfolgt von schwarzen Fischen, Wundern und Zeichen
Schrift auf dem Gesicht schreibt sich mit sterbendem Licht
Uns die Dunkelheit verschlang wie in fernen Geschichten
Leuchtfackeln am Ufer flammen, sind Pupillen
Der Himmel eine Netzhaut, bevor wir in den Blick des Schöpfers dringen
Am Tag der Toten trugen wir eine Haut aus Rinde
Schützten uns mit Erde vor der Sonne, nicht erblinden
Luden uns auf, ein Reptil kennt keine Stunden
Zeit dehnt sich im Delirium langsam zu Kugeln
Ein Mondkalb wird geopfert, in der Tiefe kleine Schreie
Wurzeln greifen durch die Felsen, bilden morsche Leitern

Blasses Schilf an unsrer Haut, blanke Sterne in der Luft / wenn wir durchs **Geström** gehn / wo aus den knackenden Käferkörpern Abschiede geflüstert werden / immer dem Leuchtgeflatter nach / komm schon / denn dort verfängt sich das Licht des Resttages, solang wir hinschaun / an unseren Haaren beginnt ein aufgeschmierter Himmel mit klebriger Kartographie neue Siedlungsverklumpungen zu bilden / ohne Worte reden wir uns ein, dass wir noch ein Recht hätten zu bleiben / blasses Schilf an unsrer Haut, blanke Sterne in der Luft / vielleicht hör ich auf mit allem / aber dann würdest du verschwinden, stimmts? / aus der Trainingshosentasche rechts / nestle ich einen losen Faden, er wächst, sprießt heraus / du sagst, ich soll versprechen, dass ich uns nicht einspinne / nein, er schwingt nur mit den Tönen, dieser Faden, mit dem Restlicht / wirft geometrische Formen in die anbrechende Finsternis / das Schilf wird stumpf, der Pfad bald klamm / ermahn mich selbst, zieh nicht zu fest am Faden, bleib achtsam / spinn uns nicht ein, ich tu es nicht, habs nie gewollt / wachsen mir Giftzähne, frag ich, nein, flüsterst du / immer wieder, bis ich dir glaube, bis wir uns glauben / dass wir die Nacht schaffen / den Pfad, das Schilfufer / eiskalte Glieder / ich pust dir in die Hand / ein bisschen Wärme / zeig dir den Rucksack, der sich leert / siehst du, keine Zeitschleife / denn wenn der Rucksack leichter wird / der Proviant schwindet, dann stecken wir nicht im Lauf der Uhren fest / so einfach ist's / kein Einkreisen, da, schau hin, ich nehm den Faden weg / hab endlich Kraft dazu / verstau ihn in der Trainingshose / liegt dort schwer, ich schaffs / knick eine frische Flasche auf / gierig trinkst du / wie Kiemenatmer tauchen / zwischen Klippen und Korallen finden wir den Strom / heiß liegt er auf der Haut / Willen spült er in den Kopf / da war blasses Schilf auf unsrer Haut, blanke Sterne in der Luft / ein goldfarbenes Wetter kommt / erleichtert rutschen wir den Geräuschen von Brettern nach / die ein neuer Tag, ein Ufer, ein Steg sein könnten / endlich, endlich nach Haus

Ich rede mit dir
Über die Gegend
Warum
Hat sie das
Aus uns gemacht
Als Kinder rannten
Wir durch Wälder
Wollten und konnten alles sein
Jetzt ist sie Hausfrau, er Polizist
Du lächelst, stellst den **Porno** auf Pause
Küsst mich, sagst, dass ich deine Brustwarzen streicheln soll
Am besten wären sie aber im Mund, lächelst nochmal
Draußen geht ein Tag
Weg
Er geht einfach weg
In die Gegend

Ich sagte dir
Immer wenn wir zusammen sind
Bin ich etwas dumm
Weil ich so verliebt in dich bin
Also ließen wir uns einkesseln
Mit 998 anderen
Leipziger Tausend
Weil ich gar nicht auf die Öffnungen achtete der Knüppelei
(sondern nur auf dich)
Standen 11 Stunden in der Kälte
Von den Bullen eingekesselt
Aber du hast meine Hand gehalten
Mir hinterher erst, Tage später, geschrieben, dass du mich liebst
Leipziger Tausend
Standen eingesperrt

Immer wieder Knüppel
Wenn eine Tränengasbrise kam, sagte ich
Du musst den Arm genau so über die Nase halten
Die Augen zu, doch du sahst mich an
Und ich hatte sie ja auch offen, schaute dich
11 Stunden lang
Leipziger Tausend
Ich hätte nicht woanders sein wollen
Auch nicht, als wir endlich in der Kälte nach Hause gingen
Aber meinem Land traue ich
Seit diesem Tag nicht mehr
Über den Weg

Wir sind mehr als die
Cottbus Six
Und die dahinter
Und die danach
Sind wir mehr?
Ich muss es einfach
Glauben

Die erste **Flocke**
Fühlte ich am Bahnsteig
Auf deine Stirn sich legen
Abschied kurz
Menschenknoten am Einstieg
Um dich zog sich zu
Der Schnellzug fuhr bald
Mit glitzernden Metallwaggons
In die Ferne, sah ihm nach

Fenster so wie von Hochhäusern
Die stürzen, sich legen, wegrasen, aus der Stadt brechen
Ins Außerhalb
Den restlichen Tag verbrachte
Ich in dumpfer Düsternis
In dieser Stadt hatte es
Seit zehn Jahren nicht auf diese Art geschneit
Die Geräusche der Trams auf Watte
Es hört und hört nicht auf
Den Ästen der Bäume bilden sich Brücken
In andere Welten
Schrieb ich dir ins Telefon
Inzwischen hell, Schicht vorbei
Ein Tag, nachdem du gegangen warst
Noch hier, liefst du im Zimmer
Auf und ab, haben wir getanzt?
Lagst dann neben mir, könnt ich jetzt
In solchen Stunden sein, würd's tun
Mit dir vor dem Schnee, der seit zehn Jahren
Nicht so über die Stadt sich legte
Es stimmt, deine Wärme
Über die wir fast lachten
Du sagtest, niemand könne neben dir ruhig schlafen
Ein Klumpen Hitze, so versank
Die Stadt ohne dich
In Kälte

Im Laufhaus arbeitet **Mimi**
Hinten die vorletzte Tür links
In der dritten Etage sitzt sie da
Barhocker vorm geöffneten Portal
Raucht, wie alle hier rauchen
Ich denke mir, es ist wegen des Ekels
Für sie ist es ein Bergwerk aus Ekel
Mimi reitet routiniert
Hinter ihr läuft ein Flatscreen-Porno
Sie muss lachen und wir hören auf mit dem Quatsch
Doch noch bleibt sie da oben, nur die Bewegung stoppt
Als hätt die Regie kurze Pause befohln
Mimi fragt mich, warum ich so seltsam auf den Bildschirm schaue
Ich sag, ich war mal in so nem Quatsch Darsteller
Es ging mir wie ihr, nein, nicht so schlimm, aber
Ekel
Wir rauchen
Das ist besser als alles andere hier, an diesem Ort
In diesem Haus
In dem sie sogar wohnen muss
Noch einen
Tiefen Zug

Steigst du in die Straßenbahn
Sitzen drin zu jeder Zeit
Mindestens drei Kurzgeschorne
Bierbüchse und **Pegel**
Zeig ihnen mit keiner Bewegung
Dass du weißt, was kommen könnt
Weil du nicht in die Gegend passt
Spiel Schauspiel, sitz still
Kreuz nicht ihren Blick

Und sie lassen dich vielleicht in Ruh
Die Uhren gehn, die Zeiger stehn
In diesem abgebrochnen Land
Im Konsum zählst du Dosenpfand
Stufen, Treppenhaus sonst still
Übergangs-Quartier
Kein Bezirk, in dem du Schulnam' kennst
So wird es sein, so ist es schon
Los, trink nen Schluck am Fenster
Die Nachtwaggons müssen heim

Es stöckelt, klappert, scheppert / in den Wohnungen streamts / elektronische Walgesänge / alles angeblich neu, doch bröckelt schon weg / wenn es die Fabrik verlässt / am Werktor ne Kippe, Kollege gibt Hand / sehn wir uns morgen / vielleicht zwischen dem Krach / Nachrichten stumm / verkniffne Gesichter / U-Bahn-Schacht, Hochbauten, ein Ausschnitt Himmel / in Wolken suchen die Augen nach Pause / der Bilder, Fantasieabzeichen / Massengräber, Armbinden / in Krankenbetten Pandemie / vom Balkon kann jemand / beim Applaus / gut ins Nachbarinnenbad sehn / reibt den Körper an fallenden Schwalben / Duschvorhang / der Himmel strafft sich, kaltes Laken / zum Ersticken der Singvögel / stille Stadt / unter der Engel verwesen / Schmutzbirken wachsen / aus ihren Überresten / in altem Öl / als Gemälde / die wir in angesagte / aber leider verlassne / Galerien hängen / vor deren Toren ein Maler umherirrt / er wartet auf die Ausstellungseröffnung, den Sekt, die willigen Weiber, seine Studentinnen / sie werden nicht kommen / diese Zeit ist vorbei, hörst du nicht? / **Leipziger Schule** / eine Straße weiter, in einer Garage, die mal richtig hip war, mixt eine vergessne DJ / die Stimmen von Peter und seinem Wolf / auf einen schlimmen Beat / ein kleiner Teufel, drüben vor der

Kleingartenanlage, mit PengPengBlick, Lonsdale-Kluft und Seiten auf null, singt eine Hymne dazu / ja, wir können euch hören / jeder für sich / einsam in unseren Zementburgen mit Fenster / Blick aufs Staubmeer, an dessen Ufern / die automatisierten Busse stranden / im Hausprojekt drei Stopps vor der Endhaltestelle / spielen Skinheads Radau / Bengalos brennen, kurz ist es warm / die Pille knallt rein / mit KnisterGeschmack / könnt ich mir über die Augäpfel lecken / würd ichs tun / in Kellerverschlägen flimmern Röhren / das Weltall heran / meine Kapitänin jagt Schiffen im Orbit nach / Säuredinosaurier hecheln / wir legen uns einen Schuss als Linien auf / sie zerrt mich mit ins Mondschattenschwarz / weiter unter das Land, das wir endlich vergessen wollen / das uns braven Grubentieren mit unseren glänzenden Nüstern / nur geschadet hat / uns einstauben wollte, bis wir ersticken / bald gischtet Schachtwasser heran / wird zum Meer / kein Ende erkennbar / auch nicht nach Stunden / Fummeln, Knutschen, fass mal hier an / mein Magnetherz schlägt nach deinem Eisenerz aus / Worte wie Bleiglanz / die Stimmen der Zimmer / wir proben Kreuzfahrt, Bekehrung, Lippenbekenntnis / ich vergesse mit jedem Parallaxensekunden-Bruchteil mehr / wer in der Stadt Patient, wer Arzt, Pfleger, wer Lieferant ist / Scheiben knalln, Bordstein fliegt / Giraffen kläffen in zerbrochnen Gehegen / nach Sirenen / verschwitzte Masken, Waterboarding, komm, wir fahrn Ski / little Heartbreaker / während unsre Schiffe sinken / vor den Abschiebehäfen / die Verwesenden veranstalten noch Ringkampfrunden / Engel / sieh doch hin, glaub es mir / sie können noch, können, können, können / aus der Sitzblockade etwas zum Abendessen bestellen / das Knistern auf unseren Lippen / ich würde mich auflösen / für dich / seit Minuten schwappt ein Gesang / zu unseren Kellerfenstern herein / an denen die Lichtstreifen des zivilen Lebens vorbeijagen / die Pfleger stimmen ein, die Verrückten / die Fachärzte gesellen sich im Sopran dazu, Beipackzettel rezitierend / Müllfahrer bassig,

Steuerberater taktgenau / heut sind alle gleich / schleift das Schloss / in dem wir selbst sitzen / zerschnittne Arme an den Stacheldrähten / was wird da erstürmt / ich liebe dich / deswegen werden alle Suffsturzbrüche heilen / Raumschiffe klappern am Himmel / weinst du etwa? / warum weinst du? / denn / aus den Cockpits der Bomber / würde man sehn / dass alles gut sein / könnte

Stapel vor den Fenstern
Gestrüpp im Herzen
Niesel auf der Nase
Merk dir
Alles Gepäck
Passt in deine
Jacken
Taschen

Hin und wieder seh ich ein Mädchen in den **Dünen** verschwinden
Das geht als kleinen Tanz einen Trippelschritt
Wirft offene Haare, die in den Farben
Der anbrechenden Nacht
Zum Zopf werden
In den Wind
Drauf zu läuft
Ein schmaler Mond
Wie wenn Stunden
Längst in Sicheln stehn

Auf dem **Tretboot**
Sagt das Kind
Und wenn die Frauen die Bäume sind
Und die Männer die Wolken?

Sitzen die Tauben am Kanal
Parallel zum Wasser rattert die
Sonntags-U-Bahn ins Frittierfett
Fahrpläne veraltet
Vor Stationsfenstern schwingen übern Kanal
Mit seinen schrägen Betonvögeln
Ausfallstraßen sich in die Ferne, flimmerndes Band
Das hier und da an Hausschluchten reißt
Mein Klingeln, mein Klopfen
An deiner Tür, nur vom Nachbarn gehört
Schon wieder ich, wie oft war ich hier?
Die Wohnung, an die ich Zettel klebte
Spitznam' von dir, mit Kringeln und Blüten
Das Holz liegt nun blank, ich nehm einen Stift
Schreib deinen Namen, häng ihn dran
Werd wiederkomm, und du wirst öffnen
Mir Mörtelstaub von Schultern streichen
Nicht mal das Zimmer hat sich verändert
Du bietest mir nervös ein Getränk an
Wir schweigen lang

Die **Kraftprotze** wecken uns / verklebt schaust du mich an / sie entglasen das Café unten / über das jemand mal was gesagt hat / über das es heißt, dass ... / sag mal, warum kauft der sich eigentlich keine Rollläden / du drehst dich weg, immer dasselbe, fast ein Lächeln / so ein Trottel, murmelst du / Arschlöcher, brüllt jemand aus nem Fenster nah der Ecke, drei Uhr morgens / Fußballrufe, Bordsteintanz / schon Straßen weiter / eine Pizzeria, über die jemand mal was gesagt hat, wirds sein / he, schläfst du? / die Menschen und ihr Glas / Ladenglas, Bierglas, Straßenbahnglas, Sektglas, Supermarktglas, Autoglas, Suffglas, Schnellglas, Sturzglas, Peng / ich geh zum Kühlschrank, stürz was runter, Radio dreh ich leise auf / damit du weiterschläfst / die Stimme aus dem Monoplärrer / die dunkel durch die Nacht sich lagert / gibt mir auf eine irre Art und Weise Kraft / die nächsten Tage / irgendwie zu überstehn

Auf die Lesungen gehe ich nicht
Treffe mich nur ab und an
Mit Menschen
In einem Café
Das abends sich zur Kneipe mausert
Unter niedrigen Bögen hallen Stimmen
Kopfschmerzen morgens, Weißwein am Fenster, noch ein Gedicht
Die **Fremde** führt die Feder so leicht
Schwinge mich auf
Nirgends, wo ich bleib

Die Tiertransporte fahren nachts
Straßenlichter
Streichen im Takt
Mit **hellen** Blicken
Über die Achsen
Hinter Atemschlitzen
Reflektieren die kleinen Nasen
Feucht das Licht
Wache Pupillen

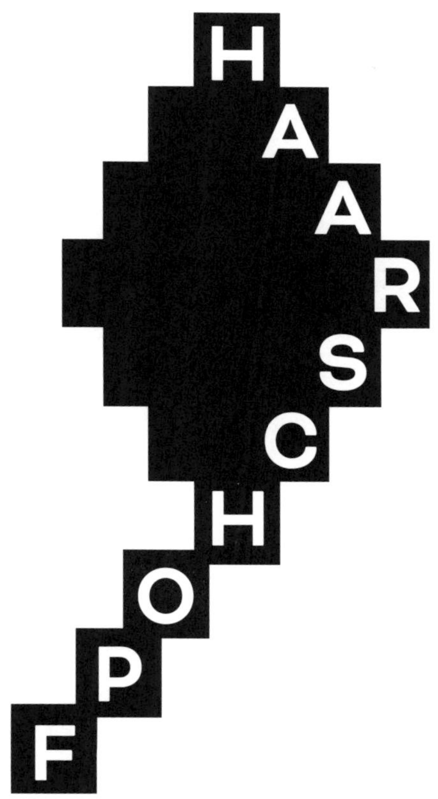
HAARSCHOPF

An der Fernbushaltestelle
Steht ein Mann
Mit alten Händen
Hält er sein **Ticket** hoch
Zitternd seit Wochen schon
Gilt es
Für keine der Fahrten

Ich würde heimkommen, die Straßenbahn trug noch
Der Niederschlag, gegen die Scheiben ging er in einer Gischt
Die mir vertraut vorkam
In der Wohnung würden wir uns sehen nach Wochen
Ob du schon da wärst, ob mit dem Schlüssel alles geklappt hätte
Ob die richtigen Dinge für dich in meinem Rucksack wären
Du die **Schallplatten** zurechtgelegt hättest, vielleicht
Ob wir im Flur ständen, wie wir uns in Erinnerung glaubten
(Kämst du mir entgegen?)
Oder müssten wir erst kämpfen
Bis wir nach Stunden zueinander fänden
Müde und
Endlich klar
Dass Angriffe unnötig warn
Der Regen jedenfalls
Roch ziemlich sicher noch
Wie damals

Wir küssen uns
Bis die Ampel
Das zweite Mal
Auf Grün schaltet

Zum Abschied
Wie lang
Steht die Sonne
In dieser Straße?
Am Tag gab es Schauer
Von Licht
Im Viertel
Öffnen die **Huren**
Die Türen am Bordstein
Tropft Regen
Auf uns
In der Sonne
Warm
Dass wir immer
Nach Veränderung streben
So verschlingt uns die Angst
Denn das Glück
Könn' wir nie
Zu lang ertragen

Es endet nicht
Fängt immer erst an
Küchenuhrn alle auf Aus plus
Jedes Hotelzimmer **stumm**
Einkaufswagen festgezurrt
Lichter der Stadt
Wo sind sie hin
Wem leuchten sie nun
Kommt da einer?
Klickert durch
Die Straßen bloß
Spielt Fingernägel

Melodie
Auf stillgelegten
Trambahngleisen
Klick Klack, Ritsch Ratsch
Gardinen zieh zu in den Stuben
Lass uns spieln, wir sind stumm
Taub, blind, würden bloß nichts mitbekomm
Denn gegen ihn und was er versucht
Könn wir nicht bestehn
So müssten wir denken
Doch in uns ein Rascheln, als hätt jemand vor Langem schon
Ein Loch ins Herz geschlagen, drin hat sich altes Laub gesammelt
Wind greift rein, macht einen Ton, selbst wenn wir nicht wolln
Schaun wir hoch
Er überragt die Gassen
Klappert hinter Kreuzungen
Die Straße lang, wie's viele vor ihm machten
Legt über Siedlungskerne neue Karten, neue Flaggen
Ich frag mich, wird er in dieser Gegend nicht
Wie's die meisten vor ihm taten
Einfach versacken

Wir rannten wie Kinder
Den **Haarschopf** in Sternen
Warfen Gewitter
Zurück auf die Erde
Weil wir gestern
Noch Hochhäuser warn
Spür ich Beton in den Knochen
Also zwing mich nie zur Rast

Im **Club** am Rand
Feiern bis zum Umfalln
Wir helfen uns hoch
Doch Johnny, wir müssen
Weitertanzen
Samstag, Sonntag, Freitagabend?
Knabbern wir
An den Resten des Weltalls

Der **Mann** sagt mir
Mach dies, mach das
Der Mann sagt, spritz ab
Das sagt er wirklich
Wir tragen Bänder um die Handgelenke
Damit man uns im Videoschnitt erkennt
Denn abgerechnet wird zum Schluss
Pro Schuss, sagt jemand
Kriegsvokabel
Nein, nicht so
Es muss so zur Kamera
Genau in diese Richtung
Drück ab
In diesem Winkel
Machs noch mal
Ich bin müde, aber kann noch
Er
Spricht zu mir wie zum Armeepferd
Seh ich, wie sie auf mir reitet
Einen anderen Schwanz, eine andere Salve
In ihren Mund stemmt
Stellungswechsel, Grabenkämpfe
Etwas geht daneben

Backstage muss ein Einlauf her
Der Teppich wird desinfiziert
Es menschelt, sagt einer, den ich für verrückt halte
Sie kommt wieder
Wir müssen klatschen
Sie füllt jetzt alles von sich aus, jede Öffnung
Ist das eine Träne
Niemand will das sehen
Sagt der Mann und geht beleidigt
Die Regie fehlt also
Die Kamera bleibt, ich brauch noch zehn
Minuten, okay?
Sagt der dahinter
Wir greifen uns
Um die Schultern
Moneyshot, Cumshot, Bukkake
Warum wir uns umgreifen
Arm in Arm, Schulter an Schulter?
Sonst wär kein Platz
Für uns alle
Über ihr
Hinterher werden wir
Vielleicht
Feinde sein

Sah **Dämonen**, draußen vorm Bahnfenster / standen im Schnee, taten, als wärn sie Engel / wir schrauben am Geist mit neonfarbnen Dominostein' / weil wir die Sprache lernen wollen, brechen wir sie entzwei / und teilen, kannst du sie jetzt auch sehn? / zumindest, dass die Bäume hier wie scheues Wild im Regen stehn / in den Vollmondnächten drehn sie durch, die Freaks / ich kann auch spürn, dass das Meer am Näherkommen ist / es drückt unter die Stadt durch die Notfallkatakomben / wir fühln uns bald schwerelos, als wärn wir Strommastbeobachter / lecken an Sicherungskästen, saugen das Knistern / der Züge in unsre Augäpfel und irgendwo dazwischen / sind sie am Wegzischen, Mondkinder mit Kondensstreifen / irgendwo falln sicher Schüsse / welcher Film wird gezeigt / welchen Film du dir schmeißt / unter einem heiligen Vulkan sprachn wir mit Hornköpfen / in Verhandlung darüber, dass wir jetzt auch bald losmüssten / nur ein falsches Wort und sie nehmen uns mit / entlang der Pfade unter den Berggipfeln / aus dem Dunkel der Gehölze hört man die Schreie / derjenigen, die dachten, sie wärn sicher weise / doch einen Draht zu Gott hat von hier unten fast keiner / also reden wir mit Waldgeistern, die uns in die Nacht leiten / neben nassen Glühbirnen und Plakattapeten / rauscht mir jemand in die Arme, der von weit oben fällt / und hofft, dass er hier hält, eine Lampe knistert / fällt aus, eine Stunde später blitzt es / in einer Höhe von zehntausend Metern / ich kann es genau sehn: Wetterballons im Schnee / wir müssen die spitzen Gebirge umgehn / gedehnte Sekunden trennen uns vom Überleben / ich red mich um Schopf und Kragen, schmeiß noch eine / die Stirn wird kleiner, der Blick erweitert / wir brauchen Zucker, kristallin am Zeigefinger / du weißt, wie der Tag am Kopf reißt / unter unsren Füßen liegt ein Planet im Regen / er dreht sich in Schüben, wie sich die Bäume legen / die Stadt besteht nur aus Spiegelflächen / wir sahn uns in der Bahn in die andre Richtung hetzen / ins Hinterzimmer des Hotels, dort sprach man unter geduckten Federn / Flügel versteckt, sonst werden sie geteert /

über die Stadt zieht ein höheres Wesen / stumm über Nacht eine Kirche aus Wachs / mit Gebeten in Strophen aus kalten Strahlen / wir flüstern sie froh, werden aschfahl / Can't feel my Face, haucht ein Rotmund um die Ecke / die Kippe dazwischen wie eine Fluglicht-Esse / darunter warten Fischkinder auf die Heimkunft der Eltern / im Schilf versteckt vor den Helikopterblättern / sah ich dich, stummer Blick, zitternd Lokal / eingekesselt von zischelnden Schlangenaugen am Herumwabern / nur noch eine Wette, ich setz auf die Zahl / dass es die Challenger diesmal schafft / setz den Helm ab / wir können nicht mehr weiter

Du schaust mich über die **Theke** an / immer wenn wir uns hier sehen / erzählst du mir / dass das der beste Job deines Lebens ist / was eigentlich? / na die Leute satt und betrunken machen / sagst du / als wir in einer deiner Pausen im Hof sitzen / klingeln deine Augen schon, ich weiß, was später kommt / wenn du mich so ansiehst / kannst du meine Gedanken lesen, sagst, Johnny, eh Johnny, John Flummerchen, ich hab ganz Frisches / du trennst aus dem hellen Berg, der unter dem gedimmten Kronleuchter deines Zimmers zu strahlen scheint / ein paar kleine Schiffchen heraus / nein, eher Fischlein / denk ich / aus dem Berg schwimmen kleine Fische auf das silberne Tablett / das du hergerichtet hast / hinaus in den Silbersee / kleine, quirlige, plitsch, platsch Silberfische / ich schaue mir deine Mundwinkel an / sie sind feucht / du bist mit den Gedanken schon weiter / aha / Johnny zuerst, sagst du zu mir / und ich weiß überhaupt nicht / ob ich schwimmen mag / eigentlich wollte ich nur ein Bier / das billigste / aus dem Kühlschrank, hinter deiner Theke / und nicht schon wieder eskalieren / in dieser brüllenden / klingelnden Stadt / mit dir in deinem Zimmer / dein Mund bewegt sich / du redest / wie lange / redest du mit mir? / »Johnny,

Johnny-Flummerchen, deine Mundwinkel, wisch die mal ab.« / ich wische, beuge den Kopf vor / schieb mir das Röhrchen aus Silber ins rechte Nasenloch / »Johnny, du musst das andere nicht zuhalten.« / »Was?«, frag ich / »Na das Nasenloch, Johnny, durch den Unterdruck, weißt du, der Unterdruck, da passiert dir nichts« / ich lass den Finger weg / dann atme ich ein, das Geräusch klingt innen im Kopf / wie wenn man ein Stück Papier aufreißt / bunte Punkte krisseln um die Ränder meines Sichtfelds / in der Mitte bist du / wie ich meinen Kopf an dich presse / mit Augen zu / Zunge und Kopfherz aber offen / lässt du mich rein / Vampire müssen fragen / lässt du mich bitte, bitte rein? / ich tu auch alles, was du willst / bis du dich mir entgegenwölbst / das kommt vom Sport, lachst du / wie ein Bogen / dein Arsch / die nasse Wölbung zwischen den Schenkeln / lass mich rein / ich rieche dich, weiß, die Lider deiner Augen haben den Geruch von Zimt / weißt du das eigentlich? / und weißt du, dass zwischen deinen Beinen der Geschmack ähnlich ist / und dass ich ihn / manchmal tagelang / in einem heimlich fleckigen Unterhemd / mit mir herumtrage / unter dem frischen Pullover / wirklich, glitzert dein Geruch / du gehst mit mir in die Wohnungen, Hotelzimmer / du gehst mit mir zu den anderen / bei denen ich nie bleibe / bis ich wieder / vor deinem Tresen stehe / immer dann, wenn der Geruch des Unterhemdes / der Geschmack nach dir am angefeuchteten Finger / den ich unter den Pulli stecke / zu schwinden beginnt / dann red ich mir ein, dass ich nur / kurz Hallo sag / an deinem Tresen / holst du mir / das Bier aus dem Kühlschrank / genau das da, das billigste / zahln muss ich nie

Ganz andere **Knicke** scheint
Die Straßenbahn abends zu nehmen
An den Tierzerlegungsanlagen vorbei
Die den Schein der Hochhausfenster
Aus der Stadt heraussaugen
Bis die Skyline völlig erloschen ist
Die Augen keinen Halt mehr finden
Strecke machen, letzte Lichter

Das **Orakel** lebt hinter den Garagenzeiln
Schon lange ist sie dort, legt die Linien
Faltet dir den Blick zum Gebet
Ich sah das Orakel in helleren Stunden
Auf einem Fahrrad durchs Viertel kurven
Visierte Ecken an, legte Fährten
Schwieg im Sonnenlicht, sie redet nur abseits vom Tag
Ich meine ernsthaft, sie bestellte ein Eis mit Fingerzeig
Wenn sie spricht, im verrotteten Haus
Wo das Gestrüpp sich lichtet
Erzählt sie dir, was gilt, alles andere spart sie aus
Wenn ich hingeh, hab ich in mir oft einen schlingernden Schmerz
Den ich nicht zu fassen krieg, ein Fisch, silbern, der im Bach meiner Gedanken
Angeschlitzt noch weiterwildert, giftiges Blut versprüht in der Gischt
Ich müsst ihn rausholn, das Orakel greift nicht mit Händen hinein
Sondern färbt den Strom mit gedeckten Farben
Die anders als alle sonstigen Mittel wabern
Und dem Fisch in die Kiemen spüln, sodass er schlummrig wird
Dann geht es wieder ein paar Tage, das Orakel sagt
Bald wird das nicht mehr reichen, dann brauchen wir mehr als jene Zeichen

Du rufst mich an
Ich bin noch drauf und sage: ja
Auf der Couch
Willst du, dass
Ich etwas in dich hineinschiebe
Geruch von Kunststoff
Ich gehorche, dann willst du nicht mehr
Und willst mich
Ich gehorche, du presst mich ins Sofa mit allem Gewicht, aller
Gewalt
Du schlägst mir
Ins Gesicht, als ich drohe zu verschwinden, zum Geist zu
werden, so komme ich zurück
Ja, ich **komme**

In ein Haus hineingehen
Das in einer anderen Realität
Eine **Kathedrale** sein könnte
Doch hier nur leer liegt
Ohne Gesang, ohne Buntlicht, ja sogar ohne Stimmen
Dieses Haus ist verlassen, siehst du nicht, das Haus ist verlassen
Die Fahrstühle fahren in einem sinnlosen Rhythmus durch die
Schächte
Die Tauben wohnen nur aus Gewohnheit unterm Dach
Der Frostschutz lässt die Heizungen
Um bestimmte Uhrzeiten anspringen
Wir hätten reden können
Nicht nur einmal hätten wir reden können
Draußen begann die Uniform mit Stille zu schießen
Weißt du das noch
Die Einwohner des Viertels machten zu viel Krach
Nun sind auch die Scheiben dicht

Wenn man hinunterschauen würde aus diesem Haus
Hinunterschauen auf was denn?
Diese Stadt
Ich kenne sie nicht mehr
Nur noch die Straßen folgen den alten Karten
Drum herum ist alles anders
So anders, dass man nicht mehr hingelangt
Verstehst du, was ich dir sagen will
Auch wenn ich wollte
Könnte ich nicht
Mehr zu dir

In der Ruhe einer Wiese
Einsinken vielleicht
Ich könnte dir sagen, hier gibt es Licht
Doch diese Gegend versinkt
In einer neuen Art Staub
Erinnerst du dich an das Zimmer
In dem wir Sekt tranken
Es verschwindet
Der Staub schüttet die Fenster zu
Mir fehlt der Ausblick nicht
Was mir fehlt
Ist die Kraft
Ihn von der Fensterbank zu schippen
Ich bleib in der Wohnung, hermetisch der Flur
Ausgang zum Treppenhaus nicht denkbar
Sitz in der Küche, ein Gewitter kommt
Blitze trocken, seltsam stumm
Einschläge irgendwo weit oben, über der Schicht
Das Material, das sich
Über die Siedlung legt, dämmt den Schall

Nur winzig dünne, elektrische Arme
Feingliedrig wie Spinnweben
Kommen bis zu uns herab
Greifen in die Erde, zum Myzel im Boden
Programmieren Schichten um
Neue Verbindungen umarmen, betasten sich
Kein Tropfen wäscht die Staubdecke weg
Sedimente nicht mehr vom Regen durchtränkt
Er bleibt oben in der Atmosphäre
Was ist dieser Staub, der nach dem Trockengewitter
Nur noch selbstbewusster
In Dünen durch die Stadt sich lagert?
Still fahren die letzten Tramwaggons
In eine neue Nacht

Im **Flur** schwammen Hunde wie Aale umher
Schnaubten und grunzten, wie es ihnen gefiel
Schon kamen sie mir robbenhaft vor, hinter den schönen Wimpern
Die dunklen Augen, denen das brackige Flurwasser nichts
anhaben konnte

Auftritt ausgefallen / Anlage durchgebrannt nach ein paar Tönen / okay, wegstöpseln auf nem anderen Floor / dort geht das **Pillenschaf** um / dichte Wolle, freundliches Gesicht / heißt nicht lange Schaf, bald Schäfchen / streut aus dem Ärmel lila Steinchen, die man besser gleich / vor allem schnell, sonst wirds bitter, schluckt / da geht noch was, da zuckt noch wer / im Klo aus Plastik / rieselt blau das Hallenlicht herein / Katze sagt, dass sie eigentlich mit dem Katzerich da ist / steckt mir Hund die Zunge bis unter die Mandeln / heut machst du kein' Stress, denk ich, kennst hier fast kein' / kommst sonst kaputt aus dieser Scheiße oder gar nicht / raus / bloß kein' Stress, schon brennt die Nase, entfernt sich der rostige Spiegel / abgebrochen von nem Auto / vor Jahren / seitdem hat sie ihn immer in der Bauchtasche dabei / das bringt Glück, sagt sie / auf rissigen, krustigen Couchkissen, auf mir sitzend / spür ihr nasses Gewicht / du wolltest keine Probleme machen, klatsch mir selbst eine Ohrfeige rein / dass graue Sterne in den Blick bröckeln / aber das ist nicht mehr meine Hand, die jetzt schlägt / der Katzerich, verdammt / die Bassline setzt ein / du schmeckst nach Asche, sagt die Katze / reißt mich durchs Gedränge, weg vom Katzerich, los schneller / der erwischt uns sonst / trotzdem kurz tanzen? / wir schreien, bis uns die Stimme ausgeht, zu den Liedern, und das geht schnell / nur noch elektrische Blitze / Wärme rutscht das Rückgrat runter / hinter jeder Tür, hinter jeder Theke / könnte der Katzerich lauern / oder flüchtet er längst mit uns? / jetzt begrabt doch den Streit / ich nehm euch einfach beide mit / grinst sie mit spitzen Katzenmundwinkeln / als wir schon so weit sind, dass uns die Wachtürme mit ihren Strahleaugen / folgen wollen / doch vergeblich / wir machen selbst Turmschritte / rütteln erst am Himmel / und dort die Tauben aus den Glockenhäusern raus / sacken sogleich nach unten / in das Panopticon-Tal / ihr Ahnungslosen, brüllen wir im Chor / dann sinken wir zusammen / zwischen Hochschilf / dort gehen / wir zu dritt ineinander / danach rauchen wir / geknickte Kippen in den Polderwiesen

Der **Fliegenmann**
Steht in der Tür
Du hast deine Beine auseinandergeschoben
Die glatte Ledercouch knarrt zu deiner Bewegung
Ich schaue abwechselnd auf den Bildschirm an der Wand
Dann wieder auf dich, dann auf den Bildschirm
Im Augenwinkel der Fliegenmann
Du flüsterst
Lass ihn doch dort stehn, lass ihn doch starren
Ich frage leise, sind wir in seiner Reichweite?
Du grinst, sagst, keine Angst, er bleibt dort, ich kenne solche
    Typen ewig
Fliegenmann mit straffer Hand im Rhythmus an seiner Spitze
Nackte Füße auf fleckigem Teppich
Leere Augen quelln ihm drückend
Aus dem Schädel, drunter der Mund
Der fragt, wollt ihr mit, noch mit zu mir, ich sage nichts, du
    schüttelst den Kopf
Die Fliege wird auch morgen wieder
Hier sein, verklebte Flügel, U-Bahn-Geruch

Von den Schüssen hätte man **wach** werden können
In der eingekesselten Stadt ging ein flockiger Regen auf und ab
Über den angeschossnen Häusern in nassen, windigen Schritten
Leitung leider unterbrochen, versuchen Sie es bitte erneut
Bewahren Sie Ruhe und trinken Sie eine Kleinigkeit
Wir kümmern uns baldmöglichst um Sie, *please hold the line*
Auch wenn der Hörer brummt, das muss so klingen
Das sagen sie gleich beim ersten Interview, es wird aufgezeichnet
Zur Qualitätssicherung, acht Stunden Callcenter-Schicht, alles
egal jetzt
Zwar sind an Sonntagen die Leute besser drauf als an Montagen
Selbst in Konfliktgebieten, wenns wieder knallt
Aber die meisten sind halt gerade eh im Wald
Wiener Umland? Noch weiter draußen?
Beharren dort auf ihrem Schießrecht, wollen keine neuen Verträge
Internetbox, Oida, hier im Tal, da geht das eh nett
Willst du noch etwas sagen, finale letzte Worte?
Wollen Sie die Internetbox wirklich nicht bestellen?
Diesmal wird alles besser, so glauben sie mir doch
Diesmal
Wird
Bestimmt
Alles
Besser

Der Lachs ist ein mondgraues Tier
Lebt stumm, versteckt
In seiner unterirdischen **Botanik**
Bevor er auf eine lange Reise geht
Erst da bekommt er seine Farbe
Flossenhiebe spüln erst Salz
Dann Süßwasser ins Kammersystem

Er hetzt
Mit starken Schlägen
Aorta, Arterie, Vene
Den Strom entlang
Der Lachs ist ein mondgraues Tier
Er sieht den Fluss sich füllen
Mit anderen Lachsen
Oder, schau nochmal hin, kleiner Lachs
Schau nochmal hin
Das sind doch Menschenherzen, kein Fische?
Menschenherzen, die ihre Besitzer verlassen haben
Aorta, Arterie, Vene abgenabelt
Als Flossen nutzend, das Wasser beschwimmend
Der Lachs ist ein mondgraues Tier
Schaut nun an sich hinab
Ist er wirklich ein Lachs? Nein, kein Lachs, aha
Auch ein Menschenherz
Nie Lachs gewesen?
Nein, nur ein dummes, schlagendes Herz
Aorta, Arterie, Vene
Der Lachs war ein mondgraues Tier
Will er durchs Meer
Rauf ins Gebirge?
Was will er noch dort?
Das mondgraue Tier, das auf der Reise
Seine Farbe bekommt
Das ist er nicht mehr, nur das kann man sicher sagen
Aorta, Arterie, Vene
Schlagend, schlagend

Begegnest mir am Bahnhof
Du hattest doch gelacht
Damals als wir die Tram
Mit **Flaschen** bewarfen
Weil der Fahrer uns anpöbelte
Oder hatten wir angefangen
Ich würde das noch immer für dich machen
Doch jetzt am Bahnhof gibts nur
Kumpelschlag, Handshake, seltsam befremdet, alter Freund
Damals umarmten wir uns, grölten bis in den Morgen im Dunst der Spelunken
Du hattest doch immer ein Lächeln im Gesicht, seit wann und wohin
Ist es verschwunden

Ich **versuche** dir eine Skizze zu schicken
Die zeigt, wie Regentropfen
Auf den Motorhauben und Kofferraumklappen
Der parkenden Autos
Im Wind zittern
Es gelingt mir nicht
Ich habe einige Bilder im Beginnen
Aber es gelingt mir nicht
Dieses Zittern der Regentropfen
Auf den Motorhauben und Kofferraumdeckeln
In Worte zu fassen oder zu rahmen
Weißt du
Dort in der Stadt
In der ich mich von dir verabschiedete
Da gab es den ersten Schnee

Hier
Regnet es nur
Es regnet einfach und sonst nichts
Sonst
Nichts

Zum Jahreswechsel
Hat sie
Die helle Dame
Einen Berg gebaut
Einen duftenden Berg
Aus weißem Staub
Er fliegt leicht auf, dieser Berg, also Vorsicht
Am **Silbersee**, am Silbertablett, am silbernen Spiegel
In dem die Musik, die Lichter plus unsre Gesichter sich brechen
Wenn wir wie tränensaugende Falter
Überm See einschweben
Hast du von diesen Faltern gehört?
An den Ufern verschütteter Gegenden
Saugen sie Energie aus den Tränenkanälen
Schlafender Pferde, um sich aufzuladen
Wie wir am lüsternen Staub
Den die helle Dame
Zum Berg erst häufte, uns dann zu sich rief
Flieg, kleiner Falter, flieg
Hinaus in die Schatten

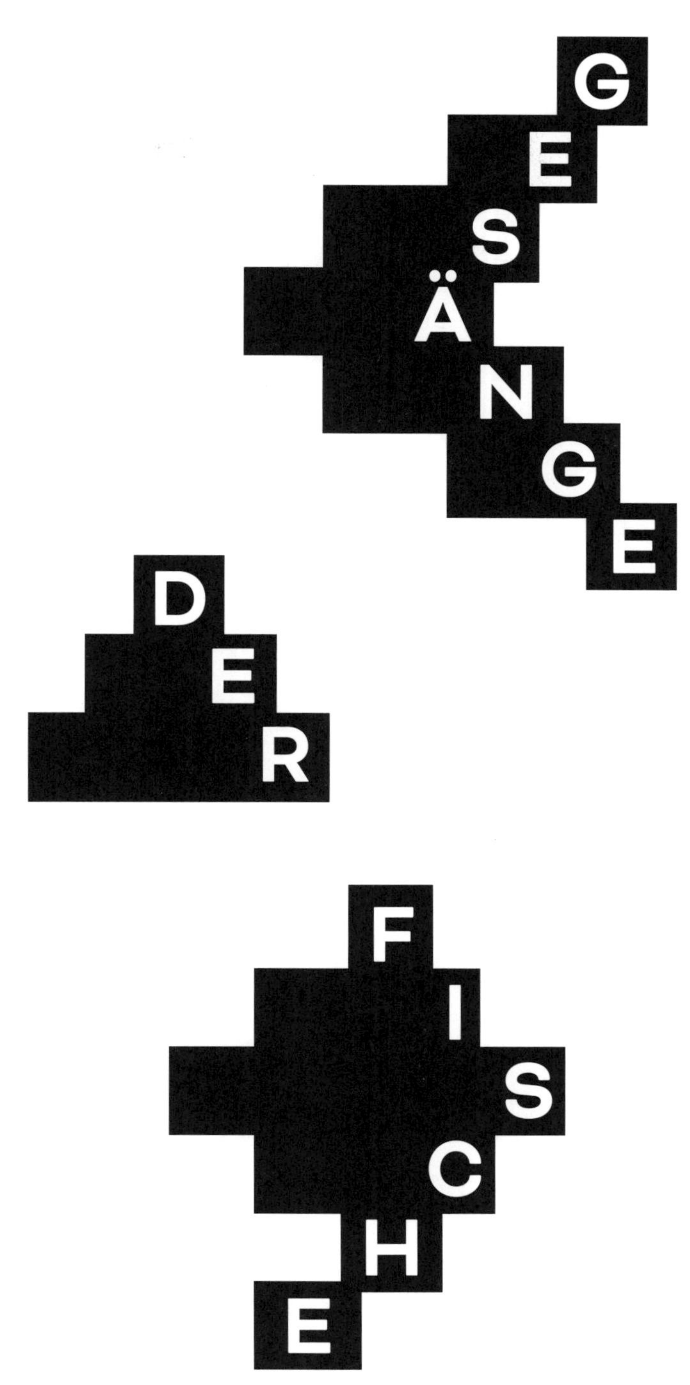
GESÄNGE
DER
FISCHE

Als Kind
Gehen
In die **Höhlen**, Gänge
Verschluckungen eines Landes
In dem wir die Erde zu Staub werden sahn
Hoch stieg er auf in die Atmosphäre
Als wir in den morschen Fahrstühlen hinaufwollten in
Die Wohntürme und sinnlos gewordenen Rechenkirchen
Erblickten wir selbst hinter den aufgebrochenen
Durchgängen zum Dach
Die Staubtürme
Die viel weiter noch
Als unsere Standpunkte reichten
In den Morgen und Morgen und Morgen
In denen du mich da oben ansahst
Mit zerficktem Blick, grellrot verliebten Augen
Schiefer Nase und scheppernden Wachträumen
Da begriff ich
Dass wenn wir hinunterstiegen
Zu den Motorgeräuschen, Baggern, Schaufeln
Wir nur mitwirken würden an den Staubsäulen
Die bis zum Wetterleuchten den Blick zerrten
Wie lange könnten wir
Denn hier auf dem Dach
Trippelnd und halb fallend
In die nächste Stunde
Stunde
Und Stunde
Uns retten?

Am Bahnhof
Atmen Menschen unter Masken
In kleinen Schlägen ihrer Herzen
Gehn Gedanken auf und ab, du fragst
Nach den S-Bahnen, die hungrig streifen
Sich füllen im **Takt**
Du sagst, wenn sie neben den rollenden Fernzügen
Sich kurze Zeit in der gleichen Geschwindigkeit bewegen
Die Fenster parallel stehn, heften Augenpaare
Für Sekunden sich fest zusammen

Wir standen auf der Brücke, gleich beim **Wohnheim**
In dem ich nun schreibe und trinke, du hattest das Zimmer
noch nicht getauft
Die Räume davor trugen Namen; dieses nur Nummer und Maße
Miniatur eines Lebens
Mir reicht das: Tisch, Stuhl, Bett, Fenster mit Blick, der sich
immer irgendwie ergibt, egal
Ob aus einer Villa auf Boote oder aus Erdgeschossen zu
Betonwänden
Solange die Tasten des Laptops frische Sätze klickern, der
Supermarkt mit Schnaps in der Nähe ist, und der
Setzling einer Topfpflanze neu austreibt, wird's gehn
In Wirklichkeit habe ich die Zimmer nach deinem Verschwinden
stets auf deinen Namen getauft
Während das Wild durch die Stadt zog, das Gebiet zurückholte
Kleine Trappellaute

Nahe dem **Sexkino** wartet sicher noch der Mann mit den leeren
Fliegenaugen
Zwischen Zentralfriedhof und Hauptbahnhof gehen die
Sternschnuppen nieder
Von denen er sich etwas wünscht, vielleicht dass die alte
Kupplerin den Laden im nächsten Jahr
Nicht schließen muss, er erinnert sich, schaute uns beim
Fummeln zu
Er will nicht heim in seine Bude, wo er allein ist, allein trinkt
und unter den letzten Nummern in
Seinem Notizbuch niemand mehr ans Telefon geht
Er stand
Etwas entfernt
Neben uns, hätte gern näher gesessen im Zimmer mit der glatten
Ledercouch
Selbst diese Geräusche sind so weit weg, es ist alles so weit weg
Beim Ficken, beim Lecken, beim Küssen schwappte das Licht
über uns
Gezeiten des Meeres
Er hört sie, auch wenn die Lampen seiner stillen Wohnung alle
Erloschen sind

Ich träumte **in deinen Armen** von Computerbildschirmen
Neue Kriege brachen aus oder waren es alte, die frisch genährt
aus der Pause kamen
Sie brüllten und bellten, grimmige Münder, sogar die Eltern
wählten jetzt rechts
Wie viel Trinkgeld bekamen wir in den Hinterzimmern?
Nicht nur die Fliegenaugen schauten uns beim Ficken, beim
Lecken, beim Küssen zu

Hast du's mitbekommen, da saßen ganz andere Kaliber im Dunkel
Keine Fliegen, eher welche, die vom Fliegengeruch sich anlocken ließen
Der Fliegenmann hockte diesmal direkt neben uns, kleines Geschenk, aber
Die anderen rückten auch näher
Sein Pech
Keine Fliegen, Raubtiere, ich flüsterte, schau nicht hin
Sonst werden wir Beute, sie interpretieren in unseren Bewegungen schon
Ob es einfach ist mit uns oder nicht, das Gift
Rinnt von ihren Lippen, Geruch nach Mandeln und Eiter
Tropft von freigelegten Zähnen und aus ihren Schwänzen
Schau nicht hin, sie greifen sich nur den Fliegenmann
Schleifen ihn mit
Zur verschatteten Couch in der Ecke
Dort gibt er kleine Schreie von sich
Er wird nie wieder auf Sternschnuppen hoffen, nie wieder die Nummern des Notizbuchs durchgehen, Vielleicht ist es besser für ihn, das Festnetz abgestellt
Schau nicht hin, wir können nicht mehr lange bleiben, langsam, langsam
Wenn Beute rennt, ist die Wahl getroffen
Meine Augen wünsche ich mir oft zu

Vor der Universität sprach jemand übers **Theater**
Wie wir es schaffen, zu Zertrümmerten zu werden
Auf den Stufen zum Portal fand ich deine Arme endlich in einem Wald anderer Arme, Verschattungen
Ich möchte noch eine Zeit lang unzertrümmert sein, zusammen mit dir

Der Teufel hat schwitzige Hände, ganz **Axtmensch** geht er um
in der Welt
Streift unsere Rücken und das Haar
Fühlst du, wie in den Parks die Süchtigen die globale Seuche
nicht bekommen
So sehr hat die Gesellschaft sie abgesondert, ich könnt fast
glauben, dass
Die Bomben nur in Filmkulissen fallen, eine, die rauskommt,
sagt Gedichte der Zurückgelassenen auf
Hält Tränen nicht zurück

Cord wird wieder modern, drunter das **Fleisch** / ein heller Kontinent, der sich überwirft / mit Konflikten / rote Wangen singen Lieder / Pyro im Block / beim Arbeiterhaus / grölt ein dicker Skinhead / dass man nicht nach unten treten soll / sondern nach oben / und wünscht eine Strophe später der verfeindeten Fußballmannschaft / mit Hammerschlägen / den Tod / Regionalligaphrasen / dann wird die Prager Straße / wieder rot / ich muss doch bitten / oder lachen / oder sonst was / da im Pogotanz / bringt mehr Kulissen heran / und Münder zum Küssen / Münder zum Zucken / ne Klopperei dazu / auf Displays das Puder / das heißt bei uns Speck / grinst ein schlauer Haifisch, der Goldfisch spielt / die Stadt ist in Stimmung / die Stadt ist ein Kriechstrom / bereit loszuspringen / auf 3 / 2 / 1 / Peng! Peng! Peng! / Bloß nicht langweiln / dann lieber Prost

Du
Schaust den S-Bahnen nahe meines Wohnheimes
Nahe meiner Tanke, nahe meines Supermarktes
Nahe meines Waldes, nahe meines Berges, nahe meines Flusses
nach
180 Grad, dein Blick ruht nicht, und wenn, dann nur kurz auf mir
Wir stoßen an, kalte Flaschen, kalte Finger
Ich halt mich am Brückengeländer fest, erst nachdem du fort
bist, dringt der Schall
Der Waggons zu mir durch, welchen Leerraum es gibt
Wenn deine Stimme plötzlich fehlt

Hier sieht es aus wie in meinen Geschichten
Eine Frische zieht auf, ich schließe das Fenster
Trage das Bettzeug durch den **Niesel** in die Waschküche
Normalerweise lauf ich nach dem Start der Maschine weg,
komme später wieder
Jetzt bleib ich sitzen, sehe der rotierenden Waschtrommel
durchs Bullauge zu
Die Sekrete all unserer Schwüre spülen aus dem Stoff
Solange das Wasser sich hebt, der Wind sich hebt
Der Wald sich das Salz des Ozeans
An den Flussmündungen
Auf die zernadelten Lippen schminkt
Geht es doch weiter

Ein düstrer Planet
Über den die Sonne
Sich schleppt in stillen
Tönen
Gesänge der Fische
Von unter den Flächen
Unser Schlaf
Der auftut sich
Bleiglanz, Schiefer
Gestein unsrer Tunnel
Wo drüber im Dunkel
Die Fluten hochgischten
Nicht lauter als nötig
Um uns zu zeigen
Da wo wir sind
Müssen wir bleiben

Wenn ein Wind aufzieht
Der See wild und menschenleer wird
Kehren die Krähen zurück
Schauen **Richtung** Siedlung
Mit geschlossnem Kino, zwei offnen Anstalten, drei Kneipen, vier Ampeln
Berghänge, Dünen aus Geröll
Dahinrottende Drive-ins, Tanke, Stollenausgang, Doppelhaushälfte
Supermarkt, sonnenverbrannte Wiesen, Plattenbauten im Unterdorf
Die sich leeren, eingedrückte Scheiben, weil niemand mehr die Türen schließt

Woran es liegt
Dass die Kühe auf den kargen Weiden
So geschunden aussehen wie die Menschen im Ort, fragst du, sagst
Man könne es selbst hier am See erkennen
In den wir eintauchen, windwildes Türkis
Bis zum Grund
Der aus
Abraum und Schutt besteht

An der **Haltestelle**
Unter Kapuzen
Erzählten wir uns gegenseitig
Die Geschichte von den Tunneln
Wir verlorn kein' Ton
Wählten Worte nur mit Blicken
Die Durchgänge reichten bis zu den Monden Jupiters
Begannen gleich hier hinter der Wand
Vor Jahren schon bist du irgendwann
Ohne mich hindurchgegang'
Da wo das Zeichen auf den Rauputz gesprüht ist
Zwischen Kippenstummeln
Zerbrochnem Glas und aufgerissner Kondompackung
Würde ich dir folgen?
Das Auto um die Ecke geparkt?
Dann den Spruch gesagt
Er steht in deiner Karte
Die letzte, die von dir kam
Vor Wochen, Monaten, wann?
In der Karte hast du gefragt
Ob ich dir folgen kann

Ein Spalt in der Wand
Deine Postkarte mit unsren alten Wohnblöcken drauf
Sie bleibt hier, so wie der Wagen
Jemand geht vorbei vielleicht
Wie lange steht denn der schon geparkt?

Das **Zimmer** in der alten Stadt
Unser Zimmer
Gibt es nicht mehr
Du hast gesagt, das Haus sei jetzt abgeschottet
Es hieß: Das Projekt »Junge Leute im Altenheim« ist vorbei
Es hieß: Pandemie – Alte drin bleiben, Jüngere raus, und zwar plötzlich
Es hieß: Haus dicht, Türen verschlossen, Schlüsselkarte gilt nicht mehr, doch
Du konntest nicht aufhören mit der Stadt, bist zu ihm gezogen, ich verstehe das
An deine Tür, hinter der unser Zimmer lag
In deiner Wohnung
An diese Tür hatte ich ein Schild geklebt
Drauf dein Name mit Herzen drum herum
Ich war betrunken
Aber so fühlte ich eben
Konnte nicht anders
Warum auch, keine Lüge
Auf dem Foto, das im Zimmer hing
Sind wir zu sehn, glücklicher
An einem Fluss klickte die Wegwerfkamera
Du sagtest »mit der gehen keine Selfies, auf keinen Fall«

Aber das Bild porträtiert uns zu dieser Zeit
Wie kein anderes
Seltsam, dass es hinter dieser Tür
An der Wand hängen muss
Keiner von uns beiden nahm es mit
Bevor die Quarantäne griff

Dort, wo die Brücke / eine Seite des Neubaugebietes / mit der anderen verbindet / wo wieder **Kurzgeschorene** / in Stiefeln laufen / wo die Bomberjacke / nicht mehr ironisch getragen wird / wo Mülleimer vom Balkon gekippt werden / wenn es im als links verschrienen Jugendclub mit Halfpipe abends zu lang geht / wir knacken ne Dose / nein, es ist noch nicht / wieder richtig gefährlich hier / aber ein Luftholen / an der S-Bahn / kleben die Spuckis / der Nationalen / nur Antifa wird abgekratzt / der See kippt, könnte man sagen / was wir hier suchen? / scheiß drauf / wäre unser Gepöbel, unser Geschrei, unser Vibe beim Schreiben / ohne das / denn noch das Gleiche?

Ein ferner Onkel
Aus einer nahen Gegend
Nahm mich mit ins **Bierzelt** / dahin ging er jedes Jahr / zu den Rockern, wie er sagte / die träfen sich zum Jubiläum / von irgendeiner Schlacht / seien nett und ließen ihn / immer hinein, er sprach: komm doch mit / mir war schon flau, meine Antennen / doch er lächelte: Die Rocker sind zahme Tiere, klar? / angekommen sah ich mehr Glatzen und Stiefel als Rockerfrisen / das Bierzelt, genau so, wie ich's mir vorgestellt hatt / in der Gegend / die freundlichen Mienen, die dem Onkel sonst galten / zu feindlichen Spinnenblicken wurden sie, hefteten sich schnell auf mich / er merkte gar nichts, ich trank mein Bier aus, wollt gehen / in hastigem Schritt, ohne Tschüss, er an der Bar / verwundert war er sicher, ich blickte nach hinten / Feldweg / da kam schon wer, wurde schneller / diese Art des Gehens, die die Beute nicht verscheuchen soll / doch die drehten ab / am Grundstückrand / heute nicht, ihr Ficker / ich denk, der Onkel fragt sich noch immer, warum ich ging / aber ich / kapierte an diesem Tag, warum manche so reden in der Gegend / dass alles doch gar nicht so sei oder ist
Klar, sie sehens einfach nicht

Der **Geruch des Lichts**
Du hattest deine Kamera mitgenommen
Sagtest dem Kind, dass es stillsitzen muss
Damit die Bilder funktionieren
Ich schaute mit ihm auf's Wasser
Es drückte meinen Arm
Immer wieder
Das Boot blieb
So ruhig
Dein Objektiv schaute auf uns

Dahinter der Wald
Ich glaube, du hast nicht erkannt
Wie wir
Geschichten erfanden
Über und unter dem Wasser
Nur mit unseren Blicken

Lange vor mir soll der Fluss ein Mensch gewesen sein
Ich hab Sirenen gehört von hinterm Horizont
Dort, wo sie sagen, dass ein großes Haus gebaut werden soll
Irre rannte ich, dein Gesicht suchend (um dich dahin mitzunehmen)
Alle Menschen trugen dein Antlitz, wie um mich zu blenden
Schaltete dazwischen immer wieder jemand die Sonne ein
Keine Kugel, die ich abfeuerte, traf, zum Glück, du hättest dabei sein können
So fuhr ich Richtung Bahnhof, die Nummern der Gleise ergaben keinen Sinn
Neben den flimmernden Anzeigen kotzten und fickten die Tauben im Dreck
Die Sirenen der Sucheinheiten schwappten aus den Tunneln
Hinauf auf die Gleise, nun war ich dort
Wo ich sein musste, der Wahnsinn war Realität geworden
Und wenigstens
Gehörte er mir

Stromleitungen huschen draußen vorbei, auf ihnen knistern
Staubschichten
Die wir aufwirbeln, Niederschlag in kleinen Blitzen
Legt sich in unsere Spur, lauert da, drück endlich aufs Gas
Der **Motor** kann noch, wird uns
Weit tragen, so glaub mir doch
Wann ich ans Steuer muss?
Mir fallen fast die Augen zu
Doch klappen
Immer wieder
Auf vom kalten Blick
Den uns der böse Turm
Aus farblosen Augen
Hinterherwirft

Sommer
Wir hielten Kurs, klar, wir brauchten unsere Dosis
Und die relative Unsicherheit, in der wir aufwuchsen
War doch alles schöner Schein, du plapperst, »kannst du dich
erinnern?«
Nein, ich kann mich nicht erinnern an die vollgepafften Zimmer

Es ging um Range und den Spaß, nur im Proberaum und blau
Am Nachmittag, Sound verstrahlt unter kopffickendem Spliffrauch
Wir fuhren staunend zum Mond, Mann, auch wenn mal die
Sonne schien
Per Kickstart im Starkstrom, alles locker easy
Auf der S51, weck mich bitte niemals auf
Wegen Stress oder Streit aus diesem wunderschönen Albtraum
Chris blieb an der Glaspfeife, er kam niemals zurück
Ich folge ihm so gut ich kann auf meinen Rauschversatzstückkrücken

Ich wieder im Park plus das Shirt flattert im Wind
Ich habe die Idee, Alter, Ich kann jetzt alles sehn
Meine Haut wird zu Augen, wir fühln alles mit Blicken
Die Stationen über uns reisen mit dem Wind

Wir vermissen den Sommer von Juni bis September
Früher sagen sie, ging das alles länger
Alles war purer, alles war schöner
Wir werden Ikonen sein, weiter, höher

Nur spät abends weht der Sturm / mit den Wellen ein
paar **SMS** / vom Festland heran / die ich nicht öffne / fern
die Lichter / der Windparks / im Wald tolln / Insassen
des nahen Zeltplatzes / mit tierischen / Schreien durchs
Gehölz / deine Stimme wird lauter / die Mittel wirken, unter
mir Betonplatten / alter Chemiepark, blätternde Tanks /
Splitterruinen / du klingst wie aus einem der Zylinder / sie
reihen sich groß wie Zimmer bis zum Ende / des Platzes, wo
die Bäume knarren, wo Schniefgeräusche aus den / neuen,
chemischen Freundeskreisen dringen, die nur diese Fete
halten werden / soll ich in jeden einzelnen hineinschauen, um
dich zu finden / denn die magischen Zirkel / werden nun selbst
zu Chemiezylindern / zu Tanks / zu Hallräumen /
Hochspannungsgebieten / oder kommt dein Ton woanders
her / du stromerst mir im Ohr / was, wenn ich deine Stimme /
nur mit einer zweiten / anderen Stimme finde / dich und ihn /
stechen im Herz / das war doch dein Getrappel / wenn es los auf
Reisen geht / tripptrapp, tripptrapp / ich muss / na klar / tiefer
hinein / wohin? / ins Geräusch

Im Bus auf eine Beerdigung fahren
Während im Parteibüro
Neben der Kneipe
Die Monstera Deliciosa
So lange schon am Fenster steht
Dass sie Früchte trägt
Neben vergilbten Plakaten, die Abgrenzung fordern, nach
Gefiederfarbe
Ne war nur Spaß, sie meinen schon Haut
Überm **Randgebiet** Sonne
Festhalten, atmen
Scharfe Kurven
Der Linienbus wankt, wird bis zum Friedhofstor mich fahrn
So steht es im Plan
Ich war noch nie dort, er
Wühlt sich durch ockerfarbene Bebauung
Rauputz, Parks, verfallene Villen, Plattenbauten, Einkaufszentren
Hecken vor
Den Tanken
Rosten Schilder gegen die Ferne
Zeitlupe, denn dort steht wirklich jemand in
Einer Telefonzelle, spricht, mit wem?, ich zittere
Das Handy wird mir aus der Hand fallen
Hör auf, hineinzuschaun, sonst schwindlich mit ch, ch, chhhhhh
Noch eine Haltestelle und dann: nur noch *eine* Haltestelle
Es geht nicht um mich
Sondern um sie, die hier jetzt liegt
Tagelang werde
Ich stumm

Traum

Es soll eine Hochzeit geben, eine ferne Cousine / wir, die Jüngeren, reden und denken, sind unsicher / liegen auf einer Art hellem Dachboden / wo sonst die Kaninchen wohnen / ein Mann mit zu großem Kopf schaut hinein in den Speicher / zieht sich zurück, ist verschwunden, stattdessen bricht Licht durch / die Luke, jedoch wandelt sich, das Licht meine ich, wird bunter, heller oder dunkler / je nachdem, welche Geschichten wir uns vorlesen / so vergeht der Vormittag / wir werden ausgelassener, auch wenn ich merke, dass getuschelt wird / über mich, tuscheln die über mich? / zumindest sagst du das zu mir hinter vorgehaltener Hand / wir gehen hinaus, es soll einen Pool geben / du hast mich immer gehänselt, dass ich zu schüchtern bin / mich nackt zu machen vor den andern / am See übten wir, bis es zumindest zu zweit ging / jetzt aber will ich's wagen, ich ziehe mich aus / ich bekomme über der Konzentration, nicht zu versagen / gar nicht mit, ob ich der Einzige bin, der nackt ist / aber ich fühle mich wohl, achte nicht darauf / dass getuschelt wird, sagst du mir erneut irgendwann / hinter vorgehaltener Hand / mich stört das nicht / sag ich zurück, ich kann endlich sein, wie ich bin / mir ist egal, ob ich nackt bin, behaupte ich / das bin ich, ich vertraue mir / sag ich es vor oder hinter der Hand? / ich weiß es nicht / ich bin glücklich / eine Tante, die ich sehr mag, sehr gern hab, deren Lieblingskind ich einst war / dachte ich / sehe ich den ganzen Nachmittag nicht / bekomme jedoch die komischen Blicke mit, von Leuten, von erwachsenen Gästen / sehe einen Traktor, der bedrohlich nah am Gartenzaun vorbeifährt / immer wieder / bis einer der stärkeren Onkels / hinter vorgehaltener Hand etwas zum Traktorfahrer sagt, nach oben ins Führerhaus / dann fährt der Traktor weg, nah kommt er nicht mehr / aber ich seh ihn noch weiter am Horizont auf und ab fahrn / wo ihn der Onkel nicht mehr sieht mit seinen schwächeren Augen, doch ich sehr wohl / der Fahrer weiß das / die Tante aber, deren Lieblingskind ich war / sehe ich immer noch nicht / bin ich noch nackt? / und die anderen? / sicher ist sie mit den Vorbereitungen beschäftigt für die Hochzeit / als wir uns abends anziehen für die Feier, für das Fest / bin ich allein in meinem Gästezimmer / Mutter kommt kurz herein, sagt nichts / aber ich kenne ihren Blick / sie hört besser als ihr Kind / das weiß ich seit Jahren / reden sie wieder? / wir sprechen kein Wort / ich krame herum / etwas fehlt, ich muss hinab in den Keller, denn dort muss es sein / nahe der Tiefkühltruhen, der Vorratsschränke, Regale finde ich die Tante / bin nicht verwundert, denn sie ist oft hier / wühlt, bereitet vor, kramt / Dreckskind nennt sie mich / braucht dazu keine Hände / sie kleben wie Beton an ihren Seiten / keine Geste will sie mir geben / wieso bist du nackt / auf unserem Fest / die anderen dürfen, aber du, was soll das / schämst du dich nicht? / mir das zu versauen, ich hab mich gekümmert / ich schäm mich für dich, hier unten / seit Stunden / ich erkenne / ich hätte nie nackt sein dürfen / nie ich / das erkenne ich nun / ich hätte mich umschauen sollen / nach den anderen / sicher war niemand außer mir nackt / und wenn doch, auf eine andere Weise / nackt / das verstehe ich nun / ich beschließe darum / nie wieder / nackt zu sein / verkleide mich und meine Worte / verhülle die Träume / bis in späte Stunden / bis ich sicher bin / dass niemand / folgt / auch nicht / du

Im Stadion krempeln sie die Bomberjacke um, auf Orange, auf Warnung
Üben alte Zeichen für neue Pogrome
Einer, der früher dabei war, steht mitten unter ihnen, dort im **Ultrablock**
Hängen Sonnenblumen am Gitter, Lichtenhagen
Die Knastzeit war ein Witz, da grinst altes Wissen
Der leitet die Neuen
Obs sie's schon riechen?
Zwischen Pyrotopf und Bengaloschrei
Was meinst du
Sie spüren, jetzt, hier
Es ist wieder
Ihre Zeit

Mit der **Hand**
Durchs Wasser gehen
Zehen an Füße
Geschraubt im Sand
Der vom Mond
Herunterbrach
Atem im Feld
Kopf in Birken
Stirn ein Spiegel
Augen kalt
Wie die Sonne
Sterne ertrunken
Gesicht eines Mörders

Wir waschen uns ab von den anderen Lieben
Das **stimmt**, doch die Risse
Die ihre Kanten
Auf unserer Haut
Hinterlassen haben
Verschwinden nicht
Etwas sickert ein
Ihr Geruch?
Vielleicht kommt er schon aus unseren Herzen
Die längst infiziert sind

Unter der **Oberfläche** des Mondes
Brummen Bildschirme
Sie wirken wie Fenster
Eingepasst in feste Schichten
Gerahmt flimmert dein Hinterkopf
Zumindest glaube ich das, es muss deiner sein
Ich probiere
In den Durchbrüchen zwischen den Röhrenbildschirmen
Die Türen aus
Oder probieren die Türen mich
Die Sofas und Betten
In den Kammerwohnungen dahinter
Fühlen sich vertraut an
Hast du hier gesessen, geruht?
Dein Hinterkopf hätte gleich dort
Sein könn'
Ein vertrauter Geruch
Auf dem Polster

Leg ich mich hin
Oder geh ich weiter
Wie ich schon lange gehe
Ohne greifbare
Anzeichen

War es nicht **möglich**
Dass die Geister, die ich sah, Tag für Tag
Nicht irreal auf die Art und Weise waren
Wie ich es vermutete, sondern dass sie mich sahen, sie mich erkannten
Sie mir Form gaben und nicht ich ihnen
Dass sie mich in Existenz hielten
So würde ich, das wusste ich nun
Wenn sie aufhörten, sich für mich
Zu interessieren und nach mir zu suchen
Einfach verschwinden
Nicht sie warn Geister
Sondern ich

DAS KIND RU
DIE MÄUSE
DIE MÄUSE
HABEN 1n FEST
DIE MÄUSE
ESSEN u. TRINK
DIE MÄUSE
SIND BESOFEN
MUTTER MUTT
DIE KATZE
NIMT SICH DE

MONDTIERE

Im Schatten hockten die Menschen
Hinabgedrückt vom dürren Tag
Wie sie einst **Fallen** für die Tiere waren
Wurde das Draußen nun zur Falle für sie

Sie blinzeln kurz durch Jalousien
Da züngeln Augen sie schon an
Es ist nicht mehr die Menschenwelt
Wirds nie mehr sein

Ein automatischer Bus fährt draußen
Am Ortsschild vorbei von B nach A
Immer wieder nach Fahrplan
Jeder Sitz ist frei
Die Zonenpiloten
Busfahrer, ja
Vor Jahren schon
Sparte man sie ein

Sie war
Immer auf **Sendung**
Musste gar
Nix nehm'
Und wenn sie's tat
Wollte ich nicht in
Ihrer Nähe sein
Manchmal, wenn wir
Fickten, erzählte sie
Davon, wie sie sich abschoss
Das hab ich nicht ertragen
Also schoss ich mich
Ab, immer wenn wir

Uns trafen, um auf
Ihr Level zu komm'
Weil sie schon
Kinder hatte
Trug sie
Immer nen Body (da schiebt man das Bändchen zur Seite oder
man knöpft den dort auf)
Turnte mich an
Gab irren Sound
Ne Musikerin war sie, hatte Volumen
Schweres Ding, schmeckte nach Zimt
Blieb sie oben, riss
Oder knickte sie ihn
Mir fast ab, Freak, phantastisch
Keine Kontrolle
Ich wirkte wie Pepp
Auf sie, dann meinte
Sie, Johnny, du siehst
Ganz zerfallen aus (sie meinte zerfickt)
Süß und fast greifbar und und und
Aber ganz weit weg

Er war unter Strom
Immer wenn wir uns trafen
Augen **Peng Peng**
Kein Social Media (die verfolgen mich)
Vielleicht darum
Relikt aus andren Zeiten und
Jünger als ich, landeten wir
Auf Couchkissenwürfeln
Zu viel gezogen, dies und das
Vergiss die Scham
Wenn der so weitermachte
Würde er
In wenigen Jahrn verglüht sein
Doch bis dahin, little Heartbreaker
Schmeckte er nicht nach Zimt
Sondern irgendwie nach
Raketentreibstoff (der auf den)
Abschussrampen (glitzert)

They
Sagt mir im Wald
In dem wir uns das erste Mal treffen
Völlig allein sind
Dass ich jetzt schon gern
Küssen könnte
Nimmt meine Hand
Führt diese zum **Hals**, sagt
Dass ich zudrücken soll
Mit der andern, erst lockeren, dann festen Hand
Genau dorthin schlagen
Und so weiter
Bin am Anfang schockiert, denk, lass es doch sein

Bei der Sache könnte jemand von uns gefressen werden
Dann rauchen wir immer öfter
In der hohen Altbauwohnung
Schmal gedrehte Joints
Schauen vom Balkon auf den sinkenden Tag
Die Spätis, Kioske, schauen nach den Zeiten der U-Waggons
und S-Bahnen
Die uns raustragen
An den
Rand der Stadt

Auf dem Zentralfriedhof
Erzähle ich dir von meinen **Eltern**
Die jetzt rechts wählen wollen
Ich sage, wie absurd das ist
Und du, dass deine Mutter
Sich neulich aufgeregt hat, weil
Es in ihrer Serie plötzlich einen
Schwarzen Kommissar gab, du bist abends in den Zug gestiegen
Als Reden nicht half, wir öffnen die Flasche, dann noch eine,
noch eine, so weiter, so weiter
Diesmal nicht, weil wir gern trinken
Sondern weils nicht anders geht
Draußen an den Mauern schleichen Straßenbahnen heim
Von uns weg und ich bei dir
Ich wollte nirgendwo anders
Sein

Weit oben
Im **Gebirge**
Da gibt es ein Haus
Da stapeln sich die Bücher
Da gibt es keine Laute
Alle Schalter auf Aus
Ja, weit oben im Gebirge
Sag ich gegen Holzwände
Sie sollen sich öffnen
Dort in Astlöcher steck
Ich den Finger hinein
Dreh einmal nach rechts
Zweimal nach links, ein Knacken
Gefolgt von
Lichterschein, das Auto kommt
Weit oben im Gebirge
Vor dem Haus zum Stehn
Nah der Scheibenfront
Fluchtreflex, plötzlich, Gesichter ohne Augen
Schieben sich nah an
Die Scheibe heran
Weiten oben im Gebirge
Erkennen sie mich noch?
Nein, nur kalte Lücke
Ich bin schon wie du
Hindurchgegang'
Weit oben
Im Gebirge
(Da gibt es ein Haus)

Das Nötigste
Sonne
Ozean
Pupille
Aurora
Haus mit
Grauen Lichtern
Betongeschmack
Läuft Kehle runter
Weißt du wo
Wir zittern
Übers Nussparkett
Bis Holz
Wie Brot zerbricht
Fliesen schmutzig
Sprünge klirren
Takt der Gier
Ein Geldschein reißt
Tanzen wir
Hungerlicht
Lass uns doch
Die Türn vernageln
Oder denkst du
Dass die Schatten
Einen Eingang graben

Der Mond ist nicht **still**
Der Mond ist eine Maschine
Pumpt ins Weltall
Pneumatische Gesänge
Ich
Summe leise

Seine Strophen mit
Auf dem Parkett
Des leeren Zimmers
Reihen sich Lichtpfützen aneinander
Erinner' mich ans Schattenspringen
Dass wir spielten auf den Heimwegen
Bei Laternen, Ecke um Ecke
Die Stadt war noch ganz
Nicht kaputtgestritten, kaputtgeschrien
Schmiegte matt um uns die Mauern
Beide Kinder
Doch du meine Mutter
In den Herzen
Keine Trauer

Stiefvater lacht am **Kaffeetisch** / darüber, dass die aus Bautzen / ihnen früher die Autos lackiert haben / Bautzen war ein politischer Knast / in Bautzen sind Menschen misshandelt und ermordet worden / witzig / naja, sein Vater wiederum / war weiter oben in der Hierarchie / beim Militär / nein, nicht im Knast / keine Riesennummer, oder? / aber gute Kontakte / wie sie so viele hatten / darüber redet man nicht in der Gegend / nie / irgendwo in der Hierarchie / Lehrer, Journalistin, Funktionär, Hausneubau, Fernheizwohnung, Warteliste, Kfz, frisches Motorrad, neue Jeans, Kontakte eben / ist auch egal / wart ihr nicht hier? / Stiefvater meint / man dürfe ja heute nichts mehr sagen / einige Saucen zählt er auf / das Genderdiktat / plus Klimalegenden / klingt nach der Agenda der Brüllpartei / und dann sagt er wirklich / Negerkuss / ich sag ihm, nach einiger Zeit, du, der Begriff, nicht so geil / frag doch mal die, die es betrifft / mich zum Beispiel / doch er hört nicht hin / die Gegend, wie ich sie kenn / in einem einzigen Mann / kein Scheiß,

er sagt's danach noch mehrmals / Negerkuss, Negerkuss, Neger... k... / Man darf also nichts mehr sagen / aber Stiefvater labert / labert, labert / zu hören ist er 90 Prozent der Zeit / selbst als wir uns schon anschreien / Stiefvater sagt / der Mainstream, das sei das Schlimmste / und ist nur umgeben von Leuten, die quatschen wie er / Mutti sieht mich mitleidig an / nickt aber zu fast all dem Schwachsinn / den er / außer Negerkuss / noch von sich gibt / sie sagt hier und da auch mal fest: JA
Leute wie meine Eltern / sind zu jeder Zeit mitgelaufen / denke ich / trauer ich / früher in der Schule / musste ich Leuten / die denen jetzt am Kaffeetisch / so erschreckend gleichen / aufs Maul hauen / und hätt ich's nicht getan / wären sieben von denen / auf mich drauf / sie nannten mich Nigger, Neger, Scheiße, Schoko Crossie, Schmutz, Kloake, KohleKäseSchwamm, naja und so weiter / nicht erst, nachdem der Lehrer in Bio-Unterrichtseinheiten erklärte / wie man Menschen aus Afrika nennt / Neger / und hätte ich denen / verdammt nochmal / nicht aufs Maul gehauen / wäre es immer so weitergegangen / vom Familienfest fahre ich nachts ohne Abschied
Und komme nicht wieder

Gestern
An einer Kneipenküche vorbeigelaufen
Mit Blick zur Straße, nahe Felsenkeller
Am Fensterbrett ein Koch in Mütze, Soßenfleckhemd, krumme Ziese
Rauch, Dampf, Geklirr hinter ihm, er selbst völlig leise, machte Pause
Sprach fast flüsternd mit einer Katze, die neben ihm saß
Vor ihnen leichter Nieselregen und durch die Pfützen gleitende
Lichtrudel

In der **Kunsthochschule** / beim Rundgang / entschuldigt sich eine / sie fragt, bist du nicht der, zu dem ich vor langer Zeit einmal sehr gemein gewesen bin / ich sage, ja das bin ich, aber warum / entschuldigst du dich jetzt / denn wir haben uns doch schon mehrmals inzwischen gesehen / sie sagt, sie erinnere sich fast nie an Menschen / aber jetzt, eben jetzt / dass sie zu genau mir gemein gewesen sei / damals / vielleicht sei es / weil sie mich eben gerade jetzt erkannt habe / meine Haltung / da in der Ecke / meine traurige Art / mitten im Licht

Die **Bekanntschaften** aus den Hotels, sie fressen sich durch deine Erinnerung
Mit Plastikmesser und Gabel oder bloßen Mündern gierig schmatzend
(Ihre Gesichter legen sich auf die, die wir sehn im Vorbeigehn)
Vor den Getränkeautomaten, an den Kippenecken, den Essenausgaben
Auf vom Tag warmen Abendbordsteinen sitzen sie, lachen, schwatzen
Glauben, ihre Wolllust verstecken zu können, doch du siehst sie, weiter oben
Zucken vergilbte Gardinen zu, da blinzelt wer, beobachtet uns
Können wir bitte weitergehen, fragst du leise
Dabei kribbeln deine Wimpern
Nah an meinem Ohr

Du flüsterst: die Orte, an denen wir uns **sicher** fühlen / werden weniger, splittern auf / man sieht es nicht kommen / der Zug gleitet auf einen zu / geisterhaft, wir können nicht raus aus / unserer Haut, ich nicht aus meiner schwarzen / du nicht aus

deiner wütenden, aber / ich habe dir gesagt, schau, überall tragen die weißen Menschen / ihre Kostüme, die sie sich selbst aussuchen, anprobieren, aufziehen dort bei den Bühnen / wenn die Kostüme nicht funktionieren / schmeißen sie sie weg, probieren neue / bis Applaus aufbrandet / mein Kostüm aber werde ich nicht los / ja, sie denken Kostüm, aber ich werds nicht los / es funktioniert nicht, ich werds nicht los verdammt, mein Kostüm tut mir weh / früher gab es mir Tritte und Schläge / ich dachte, ich bin jetzt schlauer / wachsamer, schneller als sie / aber sie sind überall / ist mein Kostüm mir über den Kopf gewuchert / oder in den Kopf hinein? / ich kriegs nicht rausgeschnitten, dieses Kostüm / bin gefangen / mein Körper, mein Kostüm: was soll es, was kann es, was vermag es mir noch zu geben / obwohl es mir so viel nimmt / Texte, Texte, nichts als Texte

Ich könnte mit meinen rassistischen
Erfahrungen kein Buch füllen
Sondern mehrere
Neulich hörte ich, Johnny, naja
Vielleicht ziehst du gewisse Sachen ja auch an
Durch deine Art
Die *Sachen*, dachte ich, als ob sie mir stehen
Anziehen, Magneten, jaja, gehts noch, hier sag ich's
Für alle nichtweißen
Geister
Gestern wurde ich random
Auf einer Party
Mit lalaladuuuubiiiist ein Ausländer
Brüllend angetanzt
Plus in den Schwitzkasten genommen
Typ besoffen und ich stärker

Wind mich raus, geh einfach weg, geh einfach um den Block
ZickZackSpaziern, Wut loswerden, nicht boxn
Es heißt bloß wieder, du bist
Schuld, war bestimmt bloß Spaß
Ich wollte nur
Zappeln, lachen
Nach einer Lesung, sonst
Gar nix
Oder anderer Tag
Lauf über die leere Straße
Fußgängerübergang bei Rot, einfach so
Werde sofort angepöbelt von
Weißem Dude gegenüber
Wutrentner, oder einfach Rentner
Arbeiter, Handwerker, Bürohengst, egal, zu oft gleiches Schema
Der weiße Teenager vor mir: nix
Kein Spruch vom Pöbler zu dem
Nix
Doch bei mir willkommner Anlass (Fuck you)
Für etwas, das zu tief drin ist, und das ich, lange bevor ihr etwas hören könntet
In den Blicken sehe
Naja, egal, der Spruch vom Pöbler also
Ging nach dem Muster
In diesem Land gilt, hier macht man es so, also du gehörst hier nicht hin
Und so weiter
Auch das hat er lange vor mir gelernt
Von Großeltern, Eltern, Geschwistern
Spinnenblick, Spinnensprache
Und das ist zahm
Es waren nur
Die letzten
Zwei

Tage
Wie gesagt
Ich könnte kein Buch füllen, nein
Sondern mehrere
Für jedes Jahr 365 Seiten
Mal 40

Ihr Opfer

Wie wir Alkohol
Mit Tränenwasser mischen

Blinzeln knapp über Telefone
Wie aus Schießscharten

Kinder
Werden im Regen
Vorbei an den
Liegenden kalten Körpern
Vorbei an den rostenden Haltestellen
Entlang der Laternenpfähle geschoben
Die als rottende Allee stehn
Blass den Morgen beleuchten
In den Räumen, die sie passieren, kalte Prüfungsbeleuchtung
Zu den Portalen der schon warmen Einrichtungen
Werden die Kinder gefahren, gleich hinaufgetragen
Die Erwachsenen gehen dann in Fabriken aus Licht
Zu Hause warten die kleinen, ängstlichen Tiere, Fell- und Herzatmer

In Kammern aus Beton
Draußen die dunklen Vögel fürchten sich nicht mehr
Der Schwarm schlägt immer engere Schneisen um die Gehenden
Oben wie unten werden Zaubersprüche gesprochen
Autos stehen geparkt
Seit Monaten schon, wohin sollten sie
Im Bad neben der Duschkabine
Haben wir alte Klatschzeitungen angehäuft
Von denen keine neuen Ausgaben mehr erscheinen
Seit wann?
Die Stapel hoch
Die Heizung knarrt unter dem Gewicht
Fenster beschlagen
Du steigst aus dem Dampf
Wir werden aufschauen
Im Wohnzimmer
Ins viel zu helle Licht
Ins
Viel zu helle
Licht
Werden wir aufschauen

Ich liege im Zimmer
Des Hotels, das ein mittelhoher Bau ist
Eingeschlossen von anderen Häusern
Wänden, Gassen, umzingelt
Kein Blick geht über die Stadt
So duckt sich der Bau
Fußboden leicht schief, man rutscht fast zur kleinen Kreuzung unten
Die im orangen Regenlicht der Laternen liegt
Ich halt mich an den Bettpfosten fest
Liege, fühle das insektenhaft kratzige Laken

Schräg hinab stolpert der Blick durchs Fenster
Die Menschen feiern ein Fest dort unten
Nicht an der Kreuzung, ein anderes Fenster
Zeigt zum knarrenden Foyer
Ich merke, dass jemand auf mir sitzt
Sich rhythmisch bewegt
Die unterm Fenster, die im Foyer
Wissen sie von uns?
Das darf nicht sein
Die Traube der Feiernden lockert sich, löst sich auf
Fuck, denke ich, fuck, die wollen hoch
Jetzt müsste man laufen, rennen, weit weg
Aber der Boden, das Bett rutscht, alles rutscht
Wir kommen hier nicht raus oder zerplatzen auf der Kreuzung
Das Haus von Mauern umzingelt
Schon klopft es, poltert, ohne Schreie, ohne Stimmen
Aber Tritte nun auch, heftiger, gegen die massive Tür
Schließlich doch zischendes Fluchen
Ächzen, Knarren
Sie wird spät nachgeben, die Tür, aber
Sie wird
Ich schmeck den Geruch von Rauch
Sag etwas, he du!, bitte sag doch etwas
Denn nicht nur vor der Tür hat es begonnen
Unten an der Kreuzung hat man Sperren errichtet
Die immer wieder angezündet werden
Knalle, Pfiffe, Sirenen, Schreie
Wie sie nur aus Menschenmündern kommen
Poltern Sprünge gegen die Tür
Knacken
Immer rhythmischer
Brechen, Schritte
So klingt nicht der Teppich draußen im Gang
Sondern unser Teppich im Zimmer

Darüber trappeln feine Lederschuhe
Solche, die man zu Festen trägt
Wir
Sind verloren

Ein Morgen der kleinen **Krallen**
Fast mikroskopisch zerschneiden sie die Wolken
Die Lieder der Vögel
Luft zischt
Unter Staub liegt der Siedlungskern
Grundsediment der geflüsterten Märchen
Schwalben über der Stadt
Wo sind ihre Nester
Türme, Wohnverschläge
Hier hängt mein kleiner Geist fest
An jeder Ecke
Müssen wir weg
Denn die Einschläge komm’ näher
Der neue Tag ist dunkle Parade
Wird es die Stadt noch ohne uns geben?
Wird es den Fluss
Ohne uns geben
Niesel auf Dächern
Wird es dasselbe sein
Ohne uns
Ein Morgen der Schritte
Der kleinen Krallen
Durch die Luft zischend
Lieder der Vögel
Zerknallen, Erinnerung
Zerschnitten die Wolken
So flüster ich dir

Ein neues Märchen
In dem keine Schatten krachen
In dem kein Mund sich zerbeißt
Zu nah nie die Kolonnen stehn
Kein Gehetz auf Straßen, weil
Keine kalten Herzen schlagen
In Regalen, Zitterwand
Ich flüsters dir
In dein Ohr
Erschrocken so wie nie zuvor
Dass du deine Hand da gleich
Auf meine Brust legst, als ob du weißt
Die Einschläge kommen näher
Ein Morgen der Schritte
Der kleinen Krallen
Lieder der Vögel
Singen
Zerknallen
Erinnerung
Lass uns gehen
Nichts wird aus dem Haus
Nichts wird aus dem Fluss
Nichts wird aus dem See
Am Ufer
Hast du jedes Lied mitgesungen, wieder und wieder
Werden wir Schattenfangen spielen
Unter neuen Lichtern
Weit weg von hier
Doch deine Kontur
Ich seh sie, bei mir

Geöffnet, videoüberwacht
24 Stunden, es muss Kobolde geben
Unter Highway-Zubringern, die **durstig** an den Wäldern reiben
Die heranbranden, Sprühregen, nasse Park-Slots
Shoppingblechdose, wie lange verlassen?
Eine Ziehharmonika-Bahn liegt noch im Gleisbett
Auf mittlerer Strecke, mussten die Letzten im Kies aussteigen?
Klavierkabelstränge zupfen im Wind
Spielothek auch zu, doch ich erinner mich
Wie die Spieler davor auf und ab liefen, als wären sie noch in
Gefängniszellen
Auf den Quadratmeter genau, rauchten zum Filter
Dann wieder rein: Automaten drücken
Über die Autobahn: künstliche Grasbrücken
Asphalttiere laufen jetzt drunter: ein Reh klick klack
Kilometerstein, Dunkeltunnel
Sakrale Lichtkästen, wummernder Beat
Vom tiefen Flugzeug, ist das mein Weg?
Der Kieselstein vom See, den du unbedingt mitnehmen musstest
Wegen seiner blöden Herzform, wölbt die Tasche
Hält meine Hand warm

Wie **Mondtiere**
In stillen Rotten
Die Menschen
Vor den Automaten
Die nicht mehr funktionieren

Gott sei Dank, die Verrückten sind
Noch auf der Straße, sie kennen mich
Lehrer und Langweiler sind drinnen geblieben
Haben Angst vor dem Untergang, eine ganze Welt
Nur Für mich und die Verrückten

Schnee

Wenn die Stadt fertig ist, wird noch Platz hier für uns sein
Die Straßen flossen weiter am Ende irgendeiner Zeit
In den Gassen das Geflüster, dass ein Ende kommt
Mehr wusste man nicht, es beginne mit Donner
Und kein' Plan, ob du mit mir weitergehst
Vor der Kneipe an der Ecke übern Pflasterstein schwebst
Hinterm Mörtelland der Morgen, Augen verklebt
Ein Tasten durch die Luft nach dem Zipfel unsrer Seele
Halt mich fest plus lass mich hier raus
Schrien fremde Geister vorm grauen Kaufhaus
Wir lauschten auf, legten uns in Wind
Flogen etwas weiter, dahin wo es höher ist
An der Klippe fast Schnee, Lächeln unbezahlbar
Deine Mundwinkel Straßen in Fata Morganas
Alles startklar, ein Sound, eine Liebe
Sagt man am Bordstein, alles verspielt
Langsam fallen Blätter
Als wären sie schon Schnee
Langsam fallen Blätter
Als
Wären sie schon Schnee
So leise vor sich hin, so leise vor sich hin, so leise vor sich hin
Keine Ahnung, ob es Regen gab
An der Tankstelle, klar, mal nach dem Weg gefragt
Etwas stört alle Netze, leert uns die Flaschen

Wenn Münzen in den Taschen, einfach weitermachen
War die Stadt lang fertig, ey, ich weiß es nicht
Beschlich es mich, einfach abzubiegen
Hinterm Tor am Berg hat die Luft andere Farben
Dreimal Worte sagen, mit den Fingern Bogen schlagen
Es öffnet sich, lass die Kugel nicht mehr falln
Schau hinein, ein Planet wenn auch so klein
Die Wiese vor den Gipfeln zieht mit der Zeit
Insel über Wolken, mit den andren steigend
Sind wir auch nur eine Perle
Die jemand in der Hand hält zwischen andren Sternen
Rascheln Blätter, als wären sie schon Schnee
Mit festem Wind wie ein fernes Gebet
Langsam fallen Blätter
Als wären sie schon Schnee
Langsam fallen Blätter
Als
Wären sie schon Schnee
So leise vor sich hin, so leise vor sich hin, so leise vor sich hin

Das Geräusch deiner **Lederjacke**
Neben mir

An einer **Küste** lebte ein Rabe
Die Gründe behielt er für sich
Strich sich seine dunkle Farbe
Niemals aus dem Gesicht

Oben vom **Stockwerk** / spuckt einer Blicke / wie optische Linsen / klickernd über das Viertel / rüttelt mit Meterarmen am Weg / den ich nehm / dass wir nur Wachs sind / murmelt er lauthals, nickt / ich nicke zurück / das macht es einfacher / die Blöcke enden / Tunnelgang unter der Schnellstraße / muffige Waldfrische / inmitten der Wohnwagen und Bretterverschläge / hinter deren Ritzen / Lichter und Songs hervorluken / horch ich auf, ist das ein Weinen? / nähere mich / es wird zum Lachen / wenn auch ein verücktes / wer bin ich, dass ich so denk / stülp dein Leben nicht über andere / und Schluss / am Fluss schreit ein grauer Vogel die Kieselsteine an / wir verstehn uns nicht mehr / aber ich denke an dich

Ein Gewölbe streckt sich ins Dunkel
Nahe des Bodens wäscht man die **Gänse**
Aus heißen Bottichen steigt Dampf
Hinauf in Bögen aus Stein
Du sagst, schau nur hin
Es betrifft uns nicht
Das Waschen der toten Körper
Im Raum hinter dem Dampf
Werden Feuer erleuchtet
Du ziehst mich hin
Ich erkenne dich nicht
Nur den Hinterkopf, deinen Hinterkopf
Im Rücken perlt das verdunstende Wasser
Vor uns Knistern
Schwielige Hände garen Fleisch
Unter Gittern die rotheiße Kohle, mit grauer Schuppenhaut
Steigt hoch die Asche, Glutsplitter, Hitzestrahl
Die Stufen beleuchtet, oben ein Fest
Weg von den Feuern, deine Hand steigt voraus

Spitzen deiner Finger, Klick klack, Klick klack, an der
Treppenhauswand entlang
Als könntest du es nicht erwarten
Die Stimmen
Legen sich übers aufblätternde Steinparkett
Harte Töne, vertraute Kommandos
Was haben die Gespräche
Mit uns zu tun
Du schiebst mich in einen der Kreise aus Worten
Wie lange soll ich das aushalten, da ziehst du mich schon wieder
hinaus
Die Sprechhülsen fallen von mir ab
Wie taube Geschosse
Ich will nur weiter
Könntest du
Dein Gesicht mir zeigen
Doch keine Drehung
Nur Druck der Finger
Flach und schwer wird mein Atem
So geht es von Kreis zu Kreis
Die Worte dort ergeben keinen Sinn
Aneinandergereihte, klebende Töne, unterbrochen vom
Aufsplitterlachen der Unsicherheit
Die Gespräche werden in ihrer inhaltlichen Verstillung immer
lauter und lauter
Ich mein den Lärm, der die Silben umgibt aus ihren Mündern
Vorn tut sich ein Durchgang auf
Diesmal spüre ich deine Finger im Rücken (schieben?)
Um die Wirbelwölbungen
Der Durchgang ist sicher
Der Durchgang ist Weg
So lauf ich, könnte rennen
Doch will nicht Fährte streun für andere
Beherrschung

Was mich treibt
Schwärze des Himmels
Der sich stülpt hinterm Tor
Augen offen, Beine gespannt
Am Waldrand ein Lager
Es knistert orange
Gesichter zwischen
All den Geistern
Erkenne ich deine Augen
So bin ich dir bis hier
Am Ende
Immer nachgelaufen

Das **Gatter** lag von
Dichtem Gestrüpp umgeben
Des Nachts
Schlichen die Tiere des Waldes an die Zäune
Sprachen zu den im Gatter gefangenen Artgenossen
Dass einmal
Wenn die Städte sich leeren würden
Im wuchernden Wald, der sich dem Gatter näherte
Die Grenzen nicht mehr zu spüren sein würden
Schon jetzt flute aus dem Innern des Waldes
Wo die Pfade
Immer schmaler würden
Eine große Stille heran

GESÄNGE DER FISCHE

MONDTIERE

Der Autor dankt:

Ella
Sandra
Martina
Helge
Dinçer
Jessi
Barny
Uwe
Maxi
Ludwig
Vivi
Arvid
Mase
Jenny
Alina
Sebastian
Katharina
Elisabeth
Juliane
Verena

Literarisches Colloquium Berlin &
Stuttgarter Schriftstellerhaus

Cheers!

Lektorat: Helge Pfannenschmidt
Umschlaggestaltung und Satz: Kraft plus Wiechmann
Collagen Umschlag und Innenseiten: Vrena Letreo
Druck und Bindung: BALTO print, Vilnius
ISBN 978-3-942375-66-5
www.edition-azur.de